Walter Benjamin
Kleine Kunst-Stücke

1989
Insel-Verlag · Leipzig

Auswahl und Nachbemerkung
von Klaus-Peter Noack

ISSN 0233-1047
ISBN 3-7351-0143-7

Denkbilder

Kleine Kunst-Stücke

Gut schreiben

Der gute Schriftsteller sagt nicht mehr als er denkt. Und darauf kommt viel an. Das Sagen ist nämlich nicht nur der Ausdruck, sondern die Realisierung des Denkens. So ist das Gehen nicht nur der Ausdruck des Wunsches, ein Ziel zu erreichen, sondern seine Realisierung. Von welcher Art aber die Realisierung ist: ob sie dem Ziel präzis gerecht wird oder sich geil und unscharf an den Wunsch verliert – das hängt vom Training dessen ab, der unterwegs ist. Je mehr er sich in Zucht hat und die überflüssigen, ausfahrenden und schlenkernden Bewegungen vermeidet, desto mehr tut jede Körperhaltung sich selbst genug, und desto sachgemäßer ist ihr Einsatz. Dem schlechten Schriftsteller fällt vieles ein, worin er sich so auslebt wie der schlechte und ungeschulte Läufer in den schlaffen und schwungvollen Bewegungen der Glieder. Doch eben darum kann er niemals nüchtern das sagen, was er denkt. Es ist die Gabe des guten Schriftstellers, das Schauspiel, das ein geistvoll trainierter Körper bietet, mit seinem Stil dem Denken zu gewähren. Er sagt nie mehr als er gedacht hat. So kommt sein Schreiben nicht ihm selber, sondern allein dem, was er sagen will, zugute.

Romane lesen

Nicht alle Bücher lesen sich auf die gleiche Art. Romane zum Beispiel sind dazu da, verschlungen zu werden. Sie lesen ist eine Wollust der Einverleibung. Das ist nicht Einfühlung. Der Leser versetzt sich nicht an die Stelle des Helden, sondern er verleibt sich ein, was dem zustößt. Der anschauliche Bericht davon aber ist die appetitliche Ausstaffierung, in der ein nahrhaftes Gericht auf den Tisch kommt. Nun gibt es zwar eine Rohkost der Erfahrung – genau wie es eine Rohkost des Magens gibt – nämlich: Erfahrungen am eigenen Leibe. Aber die Kunst des Romans wie die Kochkunst beginnt erst jenseits des Rohprodukts. Und wieviel nahrhafte Substanzen gibt es, die im Rohzustand unbekömmlich sind! wie viele Erlebnisse, von denen zu lesen ratsam ist, nicht: sie zu haben. Sie schlagen manchem an, der zu Grunde ginge, wenn er ihnen in natura begegnete. Kurz, wenn es eine Muse des Romans gibt – die zehnte – so trägt sie die Embleme der Küchenfee. Sie erhebt die Welt aus dem Rohzustande, um ihr Eßbares herzustellen, um ihr ihren Geschmack abzugewinnen. Mag man beim Essen, wenn es sein muß, die Zeitung lesen. Aber niemals einen Roman. Das sind Obliegenheiten, die sich schlagen.

Kunst zu erzählen

Jeder Morgen unterrichtet uns über die Neuigkeiten des Erdkreises. Und doch sind wir an merkwürdigen Geschichten arm. Woher kommt das? Das kommt, weil keine Begebenheit uns mehr erreicht, die nicht schon mit Erklärungen durchsetzt ist. Mit anderen Worten: beinah nichts mehr, was geschieht, kommt der Erzählung, beinah alles der Information zugute. Es ist nämlich schon die halbe Kunst des Erzählens, eine Geschichte, indem man sie wiedergibt, von Erklärungen freizuhalten. Darin waren die Alten Meister; Herodot an der Spitze. Im vierzehnten Kapitel des dritten Buches seiner ›Geschichten‹ findet sich die Erzählung von Psammenit. Als der Ägypterkönig Psammenit von dem Perserkönig Kambyses geschlagen und gefangen genommen worden war, sah Kambyses es darauf ab, den Gefangenen zu demütigen. Er gab Befehl, Psammenit an der Straße aufzustellen, durch die sich der persische Triumphzug bewegen sollte. Und weiter richtete er es so ein, daß der Gefangene seine Tochter als Dienstmagd, die mit dem Krug zum Brunnen ging, vorbeikommen sah. Wie alle Ägypter über dieses Schauspiel klagten und jammerten, stand Psammenit allein wortlos und unbeweglich, die Augen auf den Boden geheftet; und als er bald darauf seinen Sohn sah, der zur Hinrichtung im Zuge mitgeführt wurde, blieb er ebenfalls unbewegt. Als er danach aber einen von seinen Dienern, einen alten verarmten Mann, in den Reihen der Gefangenen erkannte, da schlug er mit den Fäusten an seinen Kopf und gab alle Zeichen der tiefsten Trauer. – Aus dieser Geschichte ist zu ersehen, wie es mit der wahren Erzählung bestellt ist. Die Information hat ihren Lohn mit dem Augenblick dahin, in dem sie neu war. Sie lebt nur in diesem Augenblick. Sie muß sich gänzlich an ihn ausliefern und ohne Zeit zu verlieren sich ihm erklären. Anders die Erzählung: sie verausgabt sich nicht. Sie bewahrt ihre Kraft gesammelt im Innern und ist nach langer Zeit der Entfaltung fähig. So ist Montaigne auf die vom Ägypterkönig zurückgekommen und hat sich gefragt: Warum klagt er erst beim Anblick des Dieners und nicht vorher? Montaigne antwortet darauf: ›Da er von Trauer schon übervoll war, brauchte es nur den kleinsten Zuwachs, und sie brach ihre Dämme nieder.‹ So kann man die Geschichte verstehen. Sie hat aber auch für andere Erklärungen Raum. Jeder kann mit ihnen Bekanntschaft machen, der die Frage Montaignes einmal im Kreis seiner Freunde aufwarf. Einer der meinigen sagte zum Beispiel: »Den König rührt nicht das Schicksal der Königlichen; denn das ist sein eigenes.« Oder ein anderer: »Uns rührt auf der Bühne vieles, was uns im Leben nicht rührt; dieser Diener ist nur ein Schauspieler für den König.« Oder ein dritter: »Großer Schmerz staut sich und kommt erst mit der Entspannung zum Durchbruch. Der Anblick dieses Dieners war die Entspannung.« – »Wenn diese Geschichte sich heute ereignet hätte«, meinte ein vierter, »dann stünde in allen Blättern, Psammenit habe seinen Diener lieber als seine Kinder.« Sicher ist, daß jeder Reporter sie im Handumdrehen erklären würde. Herodot erklärt sie mit keinem Wort. Sein Bericht ist der trockenste. Darum ist diese Geschichte aus dem alten Ägypten nach Jahrtausenden noch imstande, Staunen und Nachdenken zu erregen. Sie ähnelt den Samenkörnern, die Jahrtausende lang luftdicht verschlossen in den Kammern der Pyramiden gelegen und ihre Keimkraft bis auf den heutigen Tag bewahrt haben.

Nach der Vollendung

Oft hat man sich die Entstehung der großen Werke im Bild der Geburt gedacht. Dieses Bild ist ein dialektisches; es umfaßt den Vorgang nach zwei Seiten. Die eine hat es mit der schöpferischen Empfängnis zu tun und betrifft im Genius das Weibliche. Dieses Weibliche erschöpft sich mit der Vollendung. Es setzt das Werk ins Leben, dann stirbt es ab. Was im Meister mit der vollendeten Schöpfung stirbt, ist dasjenige Teil an ihm, in dem sie empfangen wurde. Nun aber ist diese Vollendung des Werkes – und das führt auf die andere Seite des Vorgangs – nichts Totes. Sie ist nicht von außen erreichbar; Feilen und Bessern erzwingt sie nicht. Sie vollzieht sich im Innern des Werkes selbst. Und auch hier ist von einer Geburt die Rede. Die Schöpfung nämlich gebiert in ihrer Vollendung den Schöpfer neu. Nicht seiner Weiblichkeit nach, in der sie empfangen wurde, sondern an seinem männlichen Element. Beseligt überholt er die Natur: denn dieses Dasein, das er zum ersten Mal aus der dunklen Tiefe des Mutterschoßes empfing, wird er nun einem helleren Reiche zu danken haben. Nicht wo er geboren wurde, ist seine Heimat, sondern er kommt zur Welt, wo seine Heimat ist. Er ist der männliche Erstgeborene des Werkes, das er einstmals empfangen hatte.

Der Weg zum Erfolg in dreizehn Thesen

1. Es gibt keinen großen Erfolg, dem nicht wirkliche Leistungen entsprechen. Darum aber anzunehmen, daß diese Leistungen seine Grundlage sind, wäre ein Irrtum. Die Leistungen sind die Folge. Folge des gesteigerten Selbstgefühls und der gesteigerten Arbeitsfreude dessen, der sich anerkannt sieht. Daher eine hohe Forderung, eine geschickte Replik, eine glückliche Transaktion die eigentlichen Leistungen sind, die den großen Erfolgen zugrunde liegen.

2. Genugtuung über die Entlohnung lähmt den Erfolg, Genugtuung über Leistungen steigert ihn. Lohn und Leistung stehen in einem Gewichtsverhältnis; sie liegen in den Schalen einer Waage. Das ganze Schwergewicht der Selbstachtung muß in die Schale der Leistung fallen. So wird die Schale des Entgeltes immer wieder in die Höhe schnellen.

3. Erfolg können auf die Dauer nur die haben, die in ihrem Verhalten von einfachen, durchsichtigen Motiven geleitet scheinen oder wirklich geleitet sind. Die Masse zertrümmert jeden Erfolg, sobald er ihr undurchsichtig, ohne belehrenden, exemplarischen Wert scheint. Von selbst versteht sich: durchsichtig in intellektuellem Sinne braucht dieser Erfolg nicht zu sein. Jede Priesterherrschaft beweist es. Nur muß er einer Vorstellung, genau gesagt: einem Bilde sich einpassen, sei es das Bild der Hierarchie, des Militarismus, der Plutokratie oder welches immer. Daher dem Priester der Beichtstuhl, dem Feldherrn der Orden, dem Finanzier sein Palais. Wer seinen Zoll dem Bilderschatz der Masse nicht entrichtet, muß scheitern.

4. Man macht sich keinen Begriff von dem Hunger nach Eindeutigkeit, der der höchste Affekt jedes Publikums ist: *Eine* Mitte, *ein* Führer, *eine* Losung. Je eindeutiger, desto größer ist der Aktionsradius einer geistigen Manifestation, desto mehr Publikum strömt ihr zu. Man gewinnt ›Interesse‹ für einen Autor – das heißt, man beginnt dessen Formel, ihren

primitivsten, eindeutigsten Ausdruck zu suchen. Von dem Moment an wird jedes neue Werk von ihm ein Material, an dem der Leser jene Formel nachzuprüfen, zu präzisieren, zu bewähren trachtet. Im Grunde hat das Publikum bei jedem Autor nur ein Ohr für das, – für jene Botschaft, die er auf seinem Sterbebette, mit brechendem Atem, noch Zeit und Kraft genug besäße ihm zu sagen.

5. Wer schreibt, der kann sich gar nicht genug vergegenwärtigen, wie modern der Verweis auf die ›Nachwelt‹ ist. Er stammt aus einer Epoche, da der freie Literat aufkam, und erklärt sich aus der mangelnden Fundierung seiner Stellung in der Gesellschaft. Der Hinweis auf den Nachruhm war ein Pressionsmittel gegen sie. Noch im siebzehnten Jahrhundert wäre kein Autor auf den Gedanken gekommen, der Mitwelt gegenüber sich auf eine Nachwelt zu berufen. Alle früheren Epochen sind eins in der Überzeugung, daß die Mitwelt die Schlüssel verwahrt, die die Tore des Nachruhms öffnen. Und um wieviel mehr gilt das heute, da jede kommende Generation zu Revisionsverfahren um so weniger Lust und Zeit finden kann, je mehr die Notwehr gegen die massive Unform des ihr überkommenen Erbes verzweifelte Formen annehmen muß.

6. Ruhm, besser Erfolg, ist obligat geworden und bedeutet, heute, durchaus nicht mehr ein superadditum wie früher. Er ist in einer Epoche, da jedes kümmerliche Geschreibsel in Hunderttausenden von Exemplaren verbreitet ist, ein Aggregatzustand des Schrifttums. Je geringer der Erfolg eines Autors, eines Werkes, desto weniger sind sie ganz einfach vorhanden.

7. Bedingung des Sieges: die Freude am äußerlichen Erfolge als solchen. Eine reine, uninteressierte Freude, die sich am besten darin bekundet, daß einer seine Lust am Erfolg hat, auch wenn es der eines Dritten und gerade wenn es ein ›unverdienter‹ gewesen ist. Ein pharisäischer Gerechtigkeitssinn ist eins der größten Hindernisse für jedes Fortkommen.

8. Viel ist angeboren, aber viel tut das Training. Darum wird es niemandem glücken, der sich aufspart, nur immer für die größten Gegenstände sich ins Zeug legt und nicht imstande ist, mitunter für Geringes bis auf das Äußerste sich einzusetzen. Denn, was auch in der großen Verhandlung das Wichtigste ist, lernt er nur so: die Freude am Verhandeln, die bis zur sportlichen Freude am Partner geht, die große Fähigkeit, für Augenblicke das Ziel aus den Augen zu lassen (den Seinigen gibt der Herr es im Schlafe), und endlich und vor allem: Liebenswürdigkeit. Nicht die weichende, plane, bequeme, sondern die überraschende, dialektische, schwungvolle, die, ein Lasso, mit einem Ruck sich den Partner gefügig macht. Und ist nicht die ganze Gesellschaft durchsetzt von Figuren, an denen wir lernen sollen, Erfolg zu haben? Wie in Galizien die Taschendiebe Strohpuppen, über und über mit Schellen behängte Männchen, zur Ausbildung ihrer Eleven benutzen, so haben wir Kellner, Portiers, Beamte, Prinzipale, an ihnen, wie man mit Liebenswürdigkeit befiehlt, zu üben. Das ›Sesam öffne dich‹ des Erfolges ist das Wort, das die Sprache des Befehls mit der der Fortuna erzeugt hat.

9. Let's hear what you can do! heißt es in Amerika für jeden, der sich um einen Posten bewirbt. Man will jedoch dabei viel weniger hören, was er sagt, als zusehen, wie er sich anstellt. Hier stößt er auf das Geheimnis der Prüfung. Wer prüft, verlangt gewöhnlich gar nichts Besseres, als von der Eignung seines Partners sich überzeugen zu lassen. Nun hat schon jeder die Erfahrung machen können, je öfter er mit einem Faktum, einer Ansicht, einer Formel auftrat, desto mehr verlor sie Suggestivkraft. Kaum je wird unsere Überzeugung andere so bezwingen wie den, der Zeuge war, wie sie in uns entstand. In jeder Prüfung sind daher die größten Chancen nicht beim wohlpräparierten Kandidaten, sondern beim Improvisator. Und aus dem gleichen Grunde geben fast immer die Nebenfragen, Nebensachen den Ausschlag. Der Inquisitor, den wir vor uns haben, verlangt vor allem, daß wir

ihn über sein Amt hinwegtäuschen. Gelingt uns das, so ist er dankbar und bereit, uns vieles nachzulassen.

10. An Klugheit, Menschenkenntnis und ähnlichen Gaben ist im wirklichen Leben viel weniger gelegen als man meint. Doch irgend ein Genie wohnt in jedem Erfolgreichen. Nur sollten wir es in abstracto ebensowenig suchen, wie wir das erotische Genie eines Don Juan zu beobachten trachten, wenn er allein ist. Auch der Erfolg ist ein Stelldichein: zur rechten Zeit sich da am rechten Ort zu finden, nichts Kleines. Denn das heißt: die Sprache verstehen, in der das Glück seine Abrede mit uns nimmt. Wie kann nun einer, der nie im Leben diese Sprache gehört hat, über die Genialität des Erfolgreichen urteilen? Er hat von ihr gar keinen Begriff. Ihm gilt alles für Zufall. Daß aber, was er so nennt, in der Grammatik des Glücks dasselbe ist wie in der unsern das unregelmäßige Verbum, nämlich die unverwischte Spur ursprünglicher Kraft, das kommt ihm nicht in den Sinn.

11. Die Struktur jedes Erfolges ist im Grunde die Struktur des Hasards. Von dem eigenen Namen abzustoßen, das war noch immer die gründlichste Art und Weise, mit allen Hemmungen und Minderwertigkeitsgefühlen bei sich aufzuräumen. Und das Spiel ist solch steeple-chase über das Hürdenfeld des eigenen Ich. Der Spieler ist namenlos, hat keinen eigenen, braucht keinen fremden Namen. Denn das Jeton vertritt ihn, welches dort auf einem ganz bestimmten Platz des Tuches liegt, das grün heißt wie des Lebens goldner Baum und grau ist wie der Asphalt. Und welcher Rausch in dieser Stadt der Chance, diesem Straßennetz des Glücks, sich doppelt, allgegenwärtig machen und an zehn Ecken auf einmal der nahenden Fortuna auflauern zu können.

12. Schwindeln darf einer so viel er will. Aber nie darf er sich als Schwindler fühlen. Hier gibt der Hochstapler das Vorbild schöpferischer Indifferenz. Sein angestammter Name ist die anonyme Sonne, um die sich der Planetenkranz der selbstbeschafften dreht. Geschlechter, Würden, Titel – kleine Welten, die aus dem Glutkern jener Sonne fuhren, um

mildes Licht und sanfte Wärme an die Bürgerwelten abzugeben. Ja, sie sind seine Leistung an die Gesellschaft und führen darum jene bona fides mit sich, die dem gerissensten Hochstapler nie, dem armen Schlucker aber fast immer mangelt.

13. Daß das Geheimnis des Erfolges nicht im Geist wohnt, verrät die Sprache mit dem Wort ›Geistesgegenwart‹. Also nicht das Daß und Wie – allein *das Wo des Geistes* entscheidet. Daß er im Augenblicke und im Raum zugegen sei, das schafft er nur, indem er in den Stimmfall, das Lächeln, das Verstummen, den Blick, die Geste eingeht. Denn Gegenwart des Geistes schafft allein der Leib. Und grade weil der, bei den großen Erfolgsmenschen, die Reserven des Geistes so eisern in Händen hält, spielt jener nur selten draußen seine glänzenden Spiele. Der Erfolg, mit dem Finanzgenies ihre Karriere machten, ist darum doch vom gleichen Schlage wie die Geistesgegenwart, mit der ein Abbé Galiani im Salon operierte. Nur wollen, wie Lenin sagte, heute nicht mehr Menschen, sondern Dinge bewältigt werden. Daher die Stumpfheit, die so oft bei den großen Wirtschaftsmagnaten die höchste Geistesgegenwart besiegelt.

Weimar

I.

In deutschen Kleinstädten kann man sich die Zimmer ohne Fensterbretter gar nicht vorstellen. Selten aber habe ich so breite gesehen wie am Weimarer Marktplatz, im ›Elefanten‹, wo sie das Zimmer zur Loge machten, aus der mir der Ausblick auf ein Ballett wurde, wie es selbst Ludwig dem Zweiten die Bühnen von Neuschwanstein und Herrenchiemsee nicht bieten konnten. Denn es war ein Ballett in der Frühe. Gegen halb sieben begann man zu stimmen: balkene Bässe, schattende Violinschirme, Blumenflöten und Fruchtpauken.

Die Bühne noch fast leer; Marktweiber, keine Käufer. Ich schlief wieder ein. Gegen neun Uhr, als ich erwachte, war's eine Orgie: Märkte sind die Orgien der Morgenstunden, und Hunger läutet, würde Jean Paul gesagt haben, den Tag ein wie Liebe ihn aus. Münzen fuhren synkopierend darein, und langsam schoben und stießen sich Mädchen mit Netzen, die schwellend von allen Seiten zum Genusse ihrer Rundungen luden. Kaum aber fand ich mich angekleidet zu ebener Erde und wollte die Bühne betreten, waren Glanz und Frische dahin. Ich begriff, daß alle Gaben des Morgens wie Sonnenaufgang auf Höhen empfangen sein wollen. Und war nicht, was dies zart gewürfelte Pflaster noch eben beglänzte, ein merkantiles Frührot gewesen? Nun lag es unter Papier und Abfall begraben. Statt Tanz und Musik nur Tausch und Betrieb. Nichts kann so unwiederbringlich wie ein Morgen dahin sein.

II.

Im Goethe-Schiller-Archiv sind Treppenhaus, Säle, Schaukästen, Bibliotheken weiß. Das Auge trifft nicht einen Zoll, wo es ausruhen könnte. Wie Kranke in Hospitälern liegen die Handschriften hingebettet. Aber je länger man diesem barschen Lichte sich aussetzt, desto mehr glaubt man, eine ihrer selbst unbewußte Vernunft auf dem Grunde dieser Anstalten zu erkennen. Wenn langes Krankenlager die Mienen geräumig und still macht und sie zum Spiegel von Regungen werden läßt, die ein gesunder Körper in Entschlüssen, in tausend Arten auszugreifen, zu befehlen zum Ausdruck bringt, kurz, wenn ein Krankenlager den ganzen Menschen in Mimik zurückverwandelt, so liegen diese Blätter nicht umsonst wie Leidende auf ihren Repositorien. Daß alles, was uns heut bewußt und stämmig als Goethes ›Werke‹ in ungezählten Buch-Gestalten entgegentritt, einmal in dieser einzigen, gebrechlichsten, der Schrift, bestanden hat, und daß, was von ihr ausging, nur das Strenge, Läuternde kann gewesen sein, was um Genesende oder Sterbende für die wenigen, die ihnen nahe sind, waltet – wir denken nicht gerne daran. Aber standen nicht auch diese Blätter in einer Krisis? Lief nicht ein Schauer über sie hin, und niemand wußte, ob vom Nahen der Vernichtung oder des Nachruhms? Und sind nicht sie die Einsamkeit der Dichtung? Und das Lager, auf dem sie Einkehr hielt? Sind unter ihren Blättern nicht manche, deren unnennbarer Text nur als Blick oder Hauch aus den stummen, erschütterten Zügen aufsteigt?

III.

Man weiß, wie primitiv das Arbeitszimmer Goethes gewesen ist. Es ist niedrig, es hat keinen Teppich, keine Doppelfenster. Die Möbel sind unansehnlich. Leicht hätte er es anders haben können. Lederne Sessel und Polster gab es auch damals. Dies Zimmer ist in nichts seiner Zeit voraus. Ein Wille hat Figur und Formen in Schranken gehalten; keine sollte des Kerzenlichtes sich schämen müssen, bei dem der alte Mann abends im Schlafrock, die Arme auf ein mißfarbenes Kissen gebreitet, am mittleren Tische saß und studierte. Zu denken, daß die Stille solcher Stunden sich heute nur in den Nächten wiederversammelt. Dürfte man ihr aber lauschen, man verstände die Lebensführung, bestimmt und geschaffen, die nie wiederkehrende Gunst, das gereifteste Gut dieser letzten Jahrzehnte zu ernten, in denen auch der Reiche die Härte des Lebens noch am eigenen Leibe zu spüren hatte. Hier hat der Greis mit der Sorge, der Schuld, der Not die ungeheuren Nächte gefeiert, ehe das höllische Frührot des bürgerlichen Komforts zum Fenster hineinschien. Noch warten wir auf eine Philologie, die diese nächste, bestimmendste Umwelt – die wahrhafte Antike des Dichters – vor uns eröffne. Dies Arbeitszimmer war die cella des kleinen Baus, den Goethe zwei Dingen ganz ausschließlich bestimmt hatte: dem Schlaf und der Arbeit. Man kann gar nicht ermessen, was die Nachbarschaft der winzigen Schlafkammer und dieses einem Schlafgemache gleich abgeschiedenen Arbeitszimmers bedeutet hat. Nur die Schwelle trennte, gleich einer Stufe, bei der Arbeit ihn von dem thronenden Bett. Und schlief er, so wartete daneben sein Werk, um ihn allnächtlich von den Toten loszubitten. Wem ein glücklicher Zufall erlaubt, in diesem Raume sich zu sammeln, erfährt in der Anordnung der vier Stuben, in denen Goethe schlief, las, diktierte und schrieb, die Kräfte, die eine Welt ihm Antwort geben hießen, wenn er das Innerste anschlug. Wir aber müssen eine Welt zum Tönen bringen, um den schwachen Oberton eines Innern erklingen zu lassen.

Kurze Schatten (I)

Platonische Liebe

Wesen und Typus einer Liebe zeichnen am strengsten im Schicksal sich ab, welches sie dem Namen – dem Vornamen – bereitet. Die Ehe, die der Frau den ursprünglichen Nachnamen nimmt, um den des Mannes an seine Stelle zu setzen, läßt doch auch – und dies gilt von fast jeder Geschlechtsnähe – ihren Vornamen nicht unangetastet. Sie umhüllt, umstellt ihn mit Kosenamen, unter denen er oft jahre-, jahrzehntelang nicht mehr zum Vorschein kommt. Der Ehe in diesem weiten Sinne entgegengesetzt, und nur so – im Schicksal des Namens, nicht in dem des Leibes – wahrhaft bestimmbar, ist die platonische Liebe in ihrem einzig echten, einzig erheblichen Sinn: als die Liebe, die nicht am Namen ihre Lust büßt, sondern die Geliebte im Namen liebt, im Namen besitzt und im Namen auf Händen trägt. Daß sie den Namen, den Vornamen der Geliebten unangetastet wahrt und behütet, das allein ist der wahre Ausdruck der Spannung, der Fernenneigung, die Platonische Liebe heißt. Dieser Liebe geht wie Strahlen aus einem Glutkern das Dasein der Geliebten aus ihrem Namen, ja noch das Werk des Liebenden aus ihm hervor. So ist die Divina Commedia nichts als die Aura um den Namen Beatrice; die gewaltigste Darstellung dessen, daß alle Kräfte und Gestalten des Kosmos aus dem heil der Liebe entstiegenen Namen hervorgehen.

Einmal ist keinmal

Das hat die überraschendsten Evidenzen im Erotischen. Solange man um eine Frau mit dem beständigen Zweifel an der Erhörung wirbt, kann die Erfüllung nur im Zusammenhang dieser Zweifel, nämlich als Erlösung, Entscheidung kommen. Kaum aber hat sie in dieser Form sich verwirklicht, so kann eine neue, unerträgliche Sehnsucht nach der nackten, bloßen Erfüllung an sich im Nu an ihre Stelle treten. Die erste Erfüllung geht in der Erinnerung mehr oder weniger in der Entscheidung, also in ihrer Funktion dem Zweifel gegenüber auf, sie wird abstrakt. So kann dies Einmal zu keinem Mal, gemessen an der nackten absoluten Erfüllung werden. Umgekehrt, kann sie sich aber auch erotisch als nackte absolute entwerten. So, wenn uns ein banales Abenteuer in der Erinnerung allzu nahe auf den Leib gerückt, brutal und plötzlich vorkommt und wir dies erste Mal annullieren und Keinmal nennen, weil wir die Fluchtlinien der Erwartung suchen, um zu erfahren, wie die Frau als ihr Schnittpunkt sich vor uns aufhebt. Im Don Juan, dem Glückskind der Liebe, ist es das Geheimnis, wie er blitzhaft in all seinen Abenteuern Entscheidung und süßestes Werben zugleich heraufführt, die Erwartung, im Rausche, nachholt und die Entscheidung, im Werben, vorwegnimmt. Dies Ein-für-Allemal des Genusses, diese Verschränkung der Zeiten, kann nur musikalisch zum Ausdruck kommen. Don Juan fordert Musik als Brennglas der Liebe.

Armut hat immer das Nachsehen

Daß keine Galaloge so unerschwinglich ist wie das Eintrittsbillett in Gottes freie Natur, daß selbst sie, von der wir doch lernten, daß sie so gern sich Vagabunden und Bettlern, Lumpen und Stromern schenkt, ihr trostreichstes, stillstes und lauterstes Antlitz dem Reichen verwahrt, wenn sie durch die großen tiefliegenden Fenster in seine kühlen, schattigen Säle dringt, – das ist die unerbittliche Wahrheit, die die italienische Villa den lehrt, der zum ersten Male durch ihre Pforten trat, um einen Blick auf See und Gebirge zu werfen, vor dem, was er dort draußen gesehen hat, verblaßt wie das Kodakbildchen vor dem Werk eines Lionardo. Ja, ihm hängt die Landschaft im Fensterrahmen, nur ihm hat Gottes Meisterhand sie signiert.

Zu nahe

Im Traum am linken Seine-Ufer vor Notre Dame. Da stand ich, aber da war nichts, was Notre Dame glich. Ein Backsteinbau ragte nur mit den letzten Staffeln seines Massivs über eine hohe Verschalung von Holz. Ich aber stand, überwältigt, doch eben vor Notre Dame. Und was mich überwältigte war Sehnsucht. Sehnsucht nach eben dem Paris, in dem ich hier im Traume mich fand. Woher also diese Sehnsucht? Und woher dieser ihr ganz entstellter, unkenntlicher Gegenstand? – Das macht: im Traume war ich ihm zu nah gekommen. Die unerhörte Sehnsucht, welche hier, im Herzen des Ersehnten mich befallen hatte, war nicht, die aus der Ferne zum Bilde drängt. Es war die selige, die schon die Schwelle des Bildes und Besitzes überschritten hat und nur noch von der Kraft des Namens weiß, aus welchem das Geliebte lebt, sich wandelt, altert, sich verjüngt und, bildlos, Zuflucht aller Bilder ist.

Pläne verschweigen

Wenige Arten des Aberglaubens sind so verbreitet wie der, der die Leute abhält, von ihren wichtigsten Absichten und Projekten miteinander zu reden. Nicht nur durch alle Schichten der Gesellschaft geht dies Verhalten hindurch, auch alle

Arten menschlicher Motive, von dem banalsten bis zum untergründigsten herab scheinen daran Anteil zu haben. Ja das Nächstliegende sieht so platt und verständig aus, daß mancher denken wird, es sei kein Grund von Aberglauben zu reden. Nichts sei begreiflicher, als daß ein Mensch, dem etwas fehlgeschlagen sei, den Mißerfolg für sich zu behalten trachte und, um sich diese Möglichkeit zu sichern, von seinem Vorhaben schweigt. Aber das ist doch mehr die oberste Schicht seiner Bestimmungsgründe, der Firnis des Banalen, der die tieferen verkleidet. Darunter steckt die zweite in Gestalt des dumpfen Wissens um die Schwächung der Tatkraft durch die motorische Entladung, die motorische Ersatzbefriedigung im Reden. Man hat diesen zerstörenden Charakter der Rede, von dem die simpelste Erfahrung weiß, nur selten so ernst genommen, wie er es verdient. Bedenkt man, wie fast alle entscheidenden Pläne mit einem Namen verbunden, ja an ihn gebunden sind, so leuchtet ein, wie teuer die Lust zu stehen kommt, ihn im Munde zu führen. Kein Zweifel aber, daß dieser zweiten Schicht eine dritte folgt. Es ist die Vorstellung, auf der Unwissenheit der andern, besonders der Freunde, wie auf den Stufen eines Thrones in die Höhe zu steigen. Und damit nicht genug, jene letzte und bitterste, in deren Tiefe Leopardi mit den Worten dringt, daß ›Eingeständnis eigenen Leides nicht Mitleid, sondern Vergnügen hervorruft, und daß es nicht nur bei Feinden, sondern bei allen Menschen, die davon erfahren, keine Trauer, sondern Freude erweckt, denn das ist ja eine Bestätigung, daß der Betroffene weniger und man selber mehr wert ist‹. Wie viele Menschen wären aber imstande, sich selbst zu glauben, wenn schon der Verstand Leopardis Einsicht ihnen zuraunen würde? Wie viele würden nicht, angewidert von der Bitternis solcher Erkenntnis, sie ausspeien? Da tritt nun Aberglauben ein, die pharmazeutische Verdichtung bitterster Ingredienzen, die keiner einzeln und getrennt zu schmecken imstande wäre. Viel lieber gehorcht der Mensch in Volksbrauch und Sprichwort dem Dunklen und Rätselhaften, als daß er in der Sprache des gesunden Menschenverstandes die ganze Härte und das ganze Leid des Lebens sich predigen ließe.

Woran einer seine Stärke erkennt

An seinen Niederlagen. Wo wir erfolglos durch unsere Schwäche waren, da verachten wir uns und schämen uns ihrer. Worin wir aber stark sind, da verachten wir unsere Niederlage, da beschämen wir unser Mißgeschick. Durch Sieg und Glück erkennten wir unsere Stärke?! Wer weiß denn nicht, wie nichts so sehr uns unsere tiefsten Schwächen offenbart wie grade sie? Wer hat nicht schon nach einem Sieg im Kampf oder in der Liebe wie von einem Wonneschauer der Schwäche die Frage über sich dahingehen fühlen: Und das ich? Das mir, dem Schwächsten? Anders die Serien von Niederlagen, in denen wir alle Finten des Aufstehens lernen und in Beschämung wie in Drachenblut baden. Es sei der Ruhm, der Alkohol, das Geld, die Liebe – wo einer seine Stärke hat, kennt er keine Ehre, keine Furcht vor Blamage und keine Haltung. Aufdringlicher kann kein Schacherjude vor seinem Kunden sich aufführen als Casanova vor der Charpillon. Solche Menschen hausen in ihrer Stärke. Ein besonderes und schreckliches Hausen freilich, das ist der Preis jeder Stärke. Dasein in einem Tank. Hausen wir drinnen, sind wir dumm und unnahbar, fallen in alle Gräben, stürzen über alle Hindernisse, wühlen Schmutz auf und schänden die Erde. Aber nur wo wir so besudelt sind, sind wir unbezwinglich.

Vom Glauben an die Dinge, die man uns weissagt

Den Zustand zu erforschen, in dem sich einer befindet, der an die dunklen Mächte appelliert, ist einer der sichersten und kürzesten Wege zur Erkenntnis und Kritik dieser Mächte selbst. Denn jedes Wunder hat zwei Seiten, eine an dem, der es tut, und eine an dem, der es hinnimmt. Und nicht selten ist die zweite aufschlußreicher als die erste, weil sie deren Geheimnis schon in sich einschließt. Hat einer sich sein graphologisches oder chiromantisches Lebensbild entwerfen, sein Horoskop stellen lassen, so wollen wir für diesmal nur so viel fragen: Was geht mit ihm vor? Man möchte meinen, zunächst einmal geht es an ein Vergleichen und Prüfen. Mehr oder minder skeptisch wird er Behauptung auf Behauptung durchmustern. In Wahrheit nichts von alledem. Eher das Gegenteil. Vor allem eine Neugier auf das Ergebnis, so brennend, als hätte er hier Auskunft über einen zu erwarten, der ihm sehr wichtig, aber völlig unbekannt ist. Der Brennstoff zu diesem Feuer ist Eitelkeit. Bald ist es ein Flammenmeer, denn nun ist er auf seinen Namen gestoßen. Ist aber die Exponierung des Namens schon an sich eine der stärksten Einwirkungen, die auf seinen Träger gedacht werden können (die Amerikaner haben es praktisch verwendet, indem sie Smith und Brown von ihren Lichtreklamen anreden lassen), so verbindet sie in der Wahrsagung sich selbstverständlich mit dem Inhalt des Gesagten. Damit steht es aber folgendermaßen: Das sogenannte innere Bild vom eigenen Wesen, das wir in uns tragen, ist von Minute zu Minute pure Improvisation. Es richtet sich, wenn man so sagen darf, ganz nach den Masken, die ihm vorgehalten werden. Die Welt ist ein Arsenal solcher Masken. Nur der verkümmerte, verödete Mensch sucht es als Verstellung im eigenen Innern. Denn wir selber sind zumeist arm daran. Darum macht nichts uns so glücklich, als wenn einer mit einem Kasten exotischer Masken auf uns zutritt und nun die selteneren Exemplare, die Maske des Mörders, des Finanzmagnaten, des Weltumseglers an uns heranhält. Durch sie hindurchzublicken verzaubert uns. Wir sehen die Konstellationen, die Augenblicke, in denen wir eigentlich das eine oder das andere oder dies alles auf einmal wirklich gewesen sind. Dies Maskenspiel ersehnen wir alle als Rausch und hiervon leben noch heute die Kartenleger, die Chiromanten und Astrologen. Sie wissen in eine jener lautlosen Schicksalspausen uns zurückzuversetzen, denen man es erst später anmerkt, daß sie den Keim zu einem ganz andern Schicksalsverlauf enthalten haben, als dem, der uns zuteil geworden ist. Daß so das Schicksal aussetzt wie ein Herz – das spüren wir in jenen scheinbar so dürftigen, scheinbar so schiefen Wesensbildern unserer selbst, die uns der Charlatan entgegenhält, mit tiefem, glückseligem Schrecken. Und wir beeilen uns um so mehr, ihm Recht zu geben, je durstiger wir die Schatten nie gelebter Leben in uns aufsteigen fühlen.

Kurze Schatten

Wenn es gegen Mittag geht, sind die Schatten nur noch die schwarzen, scharfen Ränder am Fuß der Dinge und in Bereitschaft, lautlos, unversehens, in ihren Bau, in ihr Geheimnis sich zurückzuziehen. Dann ist, in ihrer gedrängten, geduckten Fülle, die Stunde Zarathustras gekommen, des Denkers im ›Lebensmittag‹, im ›Sommergarten‹. Denn die Erkenntnis umreißt wie die Sonne auf der Höhe ihrer Bahn die Dinge am strengsten.

Essen

Frische Feigen

Der hat noch niemals eine Speise erfahren, nie eine Speise durchgemacht, der immer Maß mit ihr hielt. So lernt man allenfalls den Genuß an ihr, nie aber die Gier nach ihr kennen, den Abweg von der ebenen Straße des Appetits, der in den Urwald des Fraßes führt. Im Fraße nämlich kommen die beiden zusammen: die Maßlosigkeit des Verlangens und die Gleichförmigkeit dessen, woran es sich stillt. Fressen, das meint vor allem: Eines, mit Stumpf und Stiel. Kein Zweifel, daß es tiefer ins Vertilgte hineinlangt als der Genuß. So wenn man in die Mortadella hineinbeißt wie in ein Brot, in die Melone sich hineinwühlt wie in ein Kissen, Kaviar aus knisterndem Papier schleckt und über einer Kugel von Edamer Käse alles, was sonst auf Erden eßbar ist, einfach vergißt. – Wie ich das zum ersten Male erfuhr? Es war vor einer der schwersten Entscheidungen. Ein Brief war einzuwerfen oder zu zerreißen. Seit zwei Tagen trug ich ihn bei mir, seit einigen Stunden aber, ohne daran zu denken. Denn mit der lärmenden Kleinbahn war ich durch die sonnenzerfressene Landschaft nach Secondigliano hinaufgefahren. Feierlich lag das Dorf in der Alltagsstille. Einzige Spur vom verrauschten Sonntag die Stangen, an denen leuchtende Räder geschwungen, Raketenkreuze sich entzündet hatten. Nun standen sie nackt da. Einige trugen auf halber Höhe ein Schild mit der Figur eines Heiligen aus Neapel oder der eines Tiers. Weiber saßen in den geöffneten Scheuern und klaubten Mais. Ich schlenderte betäubt meines Weges, da sah ich im Schatten einen Karren mit Feigen stehen. Es war Müßiggang, daß ich drauf zuging, Verschwendung, daß ich für wenige Soldi mir ein halbes Pfund geben ließ. Die Frau wog reichlich. Als aber die schwarzen, blauen, hellgrünen, violetten und braunen Früchte auf der Schale der Handwaage lagen, zeigte es sich, daß sie kein Papier zum Einschlagen hatte. Die Hausfrauen von Secondigliano bringen ihre Gefäße mit und auf Globetrotter war sie nicht eingerichtet. Ich aber schämte mich, die Früchte im Stich zu lassen. Und so ging ich, Feigen in den Hosentaschen und im Jackett, Feigen in beiden vor mich hingestreckten Händen, Feigen im Munde, von dannen. Ich konnte jetzt mit Essen nicht aufhören, mußte versuchen, so schnell wie möglich der Masse von drallen Früchten, die mich befallen hatten, mich zu erwehren. Aber das war kein Essen mehr, eher ein Bad, so drang das harzige Aroma durch meine Sachen, so haftete es an meinen Händen, so schwängerte es die Luft, durch die ich meine Last vor mich hintrug. Und dann kam die Paßhöhe des Geschmacks, auf der, wenn Überdruß und Ekel, die letzten Kehren, bezwungen sind, der Ausblick in eine ungeahnte Gaumenlandschaft sich öffnet: eine fade, schwellenlose, grünliche Flut der Gier, die von nichts mehr weiß als vom strähnigen, faserigen Wogen des offenen Fruchtfleisches, die restlose Verwandlung von Genuß in Gewohnheit, von Gewohnheit in Laster. Haß gegen diese Feigen stieg in mir auf, ich hatte es eilig aufzuräumen, frei zu werden, all dies Strotzende von mir abzutun, ich aß, um es zu vernichten. Der Biß hatte seinen ältesten Willen wiedergefunden. Als ich die letzte Feige vom Grund meiner Tasche losriß, klebte an ihr der Brief. Sein Schicksal war besiegelt, auch er mußte der großen Reinigung zum Opfer fallen; ich nahm ihn und zerriß ihn in tausend Stücke.

Café crème

Wer sich auf silbernem Brettchen, mit Butterkugeln und Marmelade garniert, den Morgenkaffee auf seinem Pariser Zimmer servieren läßt, weiß nichts von ihm. Im bistro muß man ihn nehmen, wo zwischen den Spiegeln das petit déjeuner selber ein Hohlspiegel ist, in dem das kleinste Bild dieser Stadt erscheint. Bei keiner Mahlzeit sind die Tempi verschiedener, vom mechanischen Handgriff des Angestellten, der am zinc sein Glas Melange herunterstürzt, bis zum beschaulichen Genusse, mit dem, in der Pause zwischen zwei Zügen, ein Reisender langsam die Tasse leert. Und selber sitzest du vielleicht neben ihm, am gleichen Tische, auf der gleichen Bank und bist doch weit entfernt und für dich. Deine morgendliche Nüchternheit opferst du, um etwas zu dir zu nehmen. Und was nimmst du mit diesem Kaffee nicht alles zu dir: den ganzen Morgen, den Morgen von diesem Tag und manchmal auch den verlorenen des Lebens. Hättest du als Kind an diesem Tische gesessen, wieviel Schiffe wären nicht über das Eismeer der Marmorplatte gezogen. Du hättest gewußt, wie es auf dem Marmara-Meere aussieht. Den Blick auf einen Eisberg oder ein Segel hättest du einen Schluck für den Vater und einen für den Onkel und einen für den Bruder genommen, bis an den dicken Rand deiner Tasse, breites Vorgebirge, auf welchem die Lippen ruhten, langsam die Sahne wäre angeschwemmt gekommen. Wie schwach ist dein Ekel geworden. Wie schnell und wie hygienisch geht es zu: du trinkst; du tunkst nicht, du brockst nicht ein. Verschlafen greifst du nach der madeleine im Brotkorb, brichst sie und merkst nicht einmal, wie es dich traurig macht, sie nicht teilen zu können.

Falerner und Stockfisch

Fasten ist Initiation in viele Geheimnisse, nicht zuletzt ins Geheimnis des Essens. Und wenn Hunger der beste Koch ist, ist Fasten der König unter den besten. Ich lernte ihn eines Nachmittags in Rom kennen, als ich von Fontäne zu Fontäne gewandert, von Treppe zu Treppe geklettert war. Auf dem Heimweg war es, um vier, in Trastevere, wo die Straßen breit und die Häuser armselig sind. Kantinen lagen genug am Weg. Mir aber schwebte ein schattiger Saal, marmorgetäfelter Boden, schneeweißes Tischtuch und Silberbesteck vor, der Speisesaal eines großen Hotels, wo ich um diese Zeit Aussicht gehabt hätte, der einzige Gast zu sein. Das Flußbett war ausgetrocknet, Staubwolken gingen über die Tiberinsel, und am anderen Ufer nahm mich die ausgestorbene Via Arenula auf. Ich zählte die Osterien nicht, die ich zurückließ. Je hungriger ich aber wurde, desto weniger schienen sie mir einladend oder auch nur betretbar. Hier floh ich die Gäste, deren Stimmen zu mir hinausdrangen, dort die Unsauberkeit des Vorhangs, der in der Türöffnung schwankte; schließlich drückte ich mich verstohlen an den ferneren Schänken vorbei, so sicher war ich, daß jeder Blick meine Abneigung nur vermehren werde. Dazu trat – ganz verschieden vom Hunger – eine wachsende Bereitschaft der Nerven; kein Platz schien mir geborgen, keine Speise lauter genug. Und nicht, daß hier nun Phantasmagorien der erlesensten Delikatessen, Kaviar, Langusten, Bekassinen vor mir gestanden hätten, nein, mir wäre nur eben das Schlichteste, Einfältigste reinlich genug gewesen. Hier war, ich fühlte es, die nie wiederkehrende

Chance, meine Sinne, die an der Koppel lagen, wie Hunde in die Falten und Schluchten der unscheinbarsten Rohkost, der Melone, des Weins, der zehnerlei Brote, der Nüsse zu senden, um ein niegespürtes Aroma in ihnen zu stellen. So war es fünf geworden, als ich mich auf einem weiten, unebenen Pflastergelände, der Piazza Montanara, befand. Eine unter den schmalen Gassen, welche hier mündeten, schien mir genau meine Richtung zu weisen. Denn so viel war mir nun klar geworden, daß es das klügste sei, auf mein Zimmer zu gehen und vor der Haustür mein Essen zu kaufen. Da traf mich der Schein von einem erhellten Fenster, dem ersten an diesem Abend. Es war eine Osteria, in der man früher als in den Wohnungen und den Geschäftsräumen Licht gemacht hatte. Im Fenster war ein einziger Gast zu sehen, der erhob sich gerade zum Gehen. Auf einmal schien mir, ich müsse seine Stelle einnehmen. Ich trat ein und ließ mich in einer Ecke nieder; nun plötzlich war es mir gleich in welcher, während ich vor kurzem noch der Wählerischste, Unschlüssigste gewesen war. Ein Bursche fragte nur eben nach dem Maße; welchen Wein man trank, schien sich hier von selbst zu verstehen. Ich begann mich einsam zu fühlen und holte das schwarze Zauberstäbchen hervor, das schon so oft den Buchstabenflor mit jenem Namen in seiner Mitte um mich gewirkt hatte, welcher den Duft, den er in meine Einsamkeit sandte, nun mit dem des Falerner mischte. Und ich verlor mich an ihn – den Flor, den Namen, den Duft, den Wein – bis ein Rauschen mich aufblicken ließ. Die Stube war voll geworden: Arbeiter aus der Nähe, die hier mit ihren Frauen, viele sogar mit den Kindern, sich trafen, um die Mahlzeit, nach Feierabend, außer Hause zu nehmen. Denn sie aßen auch, und zwar von dem getrockneten Stockfisch, dem einzigen Gerichte, das es hier gab. Nun sah ich, ein Teller voll stand auch auf meinem Platz, und ein Schauer des Widerwillens lief mir über den Rücken. Dann betrachtete ich die Leute näher. Es war die scharf bestimmte, einander eng verbundene Einwohnerschaft des Quartiers, und weil es ein kleinbürgerliches war, sah man niemand aus den höheren Ständen, geschweige denn Fremde. Wie ich da saß, hätte ich nach Kleidung und Aussehen von rechtswegen auffallen müssen. Aber seltsam – mich streifte kein Blick. Bemerkte mich keiner, oder schien der ganz an die Süßigkeit des Weines Verlorene, der ich mehr und mehr wurde, ihnen allen hierher zu gehören? Bei diesem Gedanken erfaßte mich Stolz; eine große Beglückung kam über mich. Nichts sollte mich von der Menge mehr unterscheiden. Ich tat die Feder weg. Dabei spürte ich in der Tasche ein Knistern. Es war der ›Impero‹, eine faschistische Zeitung, die ich unterwegs zu mir gesteckt hatte. Ich ließ ein neues Viertel Falerner kommen, schlug das Blatt auf, hüllte mich ganz in seinen schmutzigen Mantel, der mit den Begebenheiten des Tages gefüttert war wie der der Madonna mit den Sternen der Nacht, und langsam schob ich ein Stück nach dem andern von dem getrockneten Stockfisch in meinen Mund, bis der Hunger gestillt war.

Borscht

Zuerst legt er eine Dampfmaske über deine Züge. Lange, ehe deine Zunge den Löffel netzt, tränen schon deine Augen, triefen schon deine Nüstern von Borscht. Lange, ehe deine Eingeweide aufhorchen und dein Blut eine Woge ist, die mit der duftenden Gischt deinen Leib überspült, haben deine Augen schon von dem roten Überfluß dieses Tellers getrunken. Nun sind sie blind für alles, was nicht der Borscht ist oder dessen Widerschein in den Augen der Tischgenossin. Das ist Schmant, denkst du, was dieser Suppe ihren sämigen Schmelz gibt. Vielleicht. Aber ich habe sie im Moskauer Winter gegessen, und da weiß ich das eine: Schnee ist drinnen, geschmolzene rötliche Flocken, Wolkenkost von der Gattung des Manna, der ja auch eines Tages von oben herunterkam. Und wie lockert der warme Guß nicht die Krume Fleisches, daß es wie ein Sturzacker in dir daliegt, aus dem du das Kräutlein ›Trauer‹ leicht mit der Wurzel jätest. Laß den Wodka daneben nur unberührt, schneide die Piroggen nicht an. Dann wirst du das Geheimnis der Suppe erfahren, die als einzige unter den Speisen die Gabe hat, sanft zu sättigen, allmählich dich zu durchdringen, wo über andern plötzlich ein barsches ›Genug‹ unfreundlich deinen ganzen Körper erschüttert.

Pranzo caprese

Das war die berühmte Dorfkokotte von Capri gewesen, jetzt die sechzigjährige Mutter des kleinen Gennaro, den sie in der Trunkenheit schlug. Sie lebte in einem ockerfarbenen Haus auf der steilen Berglehne mitten in einem Weingarten. Ich kam, um die Freundin zu suchen, an die sie vermietet hatte. Droben von Capri schlug es zwölf Uhr. Niemand war zu sehen; der Garten stand leer. Ich stieg die Stufen, die ich eben gekommen war, wieder hinan. Da hörte ich dicht in meinem Rücken die Alte. Auf der Küchenschwelle stand sie in Rock und Bluse, mißfarbenen Kleidungsstücken, an denen man Flecken wohl vergebens gesucht hätte, so gleichmäßig, so gerecht waren sie verschmutzt. »Voi cercate la signora. E partita colla pìccola.« Und sie müsse gleich wiederkommen. Das war aber nur der Ursprung, von dem aus ihre schrille, spitzige Stimme sich in einen Schwall einladender Worte ergoß, zu denen ihr herrischer Kopf sich in Rhythmen bewegte, die vor Jahrzehnten eine aufregende Bedeutung gehabt haben mußten. Man hätte ein vollendeter galantuomo sein müssen, um sich ihr zu entziehen, und ich war nicht einmal des Italienischen mächtig. So viel verstand ich: es war eine Aufforderung, bei ihrem Mittagessen mitzuhalten. Jetzt sah ich auch den kümmerlichen Gatten drinnen am Herde aus einer Schüssel löffeln. Auf diese Schüssel ging sie zu. Und gleich darauf erschien sie von neuem vor mir auf der Schwelle mit einem Teller, den sie mir unter ununterbrochenem Schwatzen entgegenhielt. Mich aber verließ der Rest meiner Auffassungskraft für das Italienische. Augenblicks fühlte ich, daß es zum Gehen zu spät war. In einem Brodem von Knoblauch, Bohnen, Hammelfett, Tomaten, Zwiebeln, Öl erschien mir die gebieterische Hand, aus der ich den zinnernen Löffel entgegennahm. Nun meint ihr wohl, dies schluckend müsse mich der Ekel gewürgt haben und der Magen hätte nichts Eiligeres zu tun gehabt, als diesen Brei wieder abzugeben? Wie wenig wißt ihr von der Magie der Speise, und wie wenig wußte ich selbst davon bis zu dem Augenblick, von dem ich hier spreche. Dies zu schmecken war gar nichts; war nur der entscheidende, geringfügige Übergang zwischen jeden beiden: erst, es zu riechen, dann aber, davon gepackt, gewalkt zu werden, ganz und gar, von Kopf zu Fuß, von dieser Speise durchgeknetet, von ihr wie von den Händen dieser alten Hure ergriffen, gepreßt und mit ihrem Safte – dem Saft der Speise oder dem der Frau, das hätte ich nicht mehr sagen können – eingerieben zu werden. Der Pflicht der Höflichkeit war Genüge getan, aber dem Verlangen der Hexe auch, und ich stieg bergan, um das Wissen des Odysseus bereichert, als er seine Gefährten hatte in Schweine verwandeln sehen.

Maulbeer-Omelette

Diese alte Geschichte erzähle ich denen, die es nun mit Feigen oder Falerner, Borscht oder einem Capreser Bauernessen würden versuchen wollen. Es war einmal ein König, der alle Macht und alle Schätze der Erde sein Eigen nannte, bei alledem aber nicht froh ward, sondern trübsinniger von Jahr zu Jahr. Da ließ er eines Tages seinen Leibkoch kommen und sagte ihm: »Du hast mir lange Zeit treu gedient und meinen Tisch mit den herrlichsten Speisen bestellt, und ich bin dir gewogen. Nun aber begehre ich eine letzte Probe von deiner Kunst. Du sollst mir die Maulbeer-Omelette machen, so wie ich sie vor fünfzig Jahren in meiner frühesten Jugend genossen habe. Damals führte mein Vater Krieg gegen seinen bösen Nachbar im Osten. Der hatte gesiegt und wir mußten fliehen. Und so flohen wir Tag und Nacht, mein Vater und ich, bis wir in einen finsteren Wald gerieten. Den durchirrten wir und waren vor Hunger und Erschöpfung nahe am Verenden, als wir endlich auf eine Hütte stießen. Ein altes Mütterchen hauste drinnen, das hieß uns freundlich rasten, selber aber machte es sich am Herde zu schaffen und nicht lange, so stand die Maulbeer-Omelette vor uns. Kaum aber hatte ich davon den ersten Bissen zum Munde geführt, so war ich wundervoll getröstet und neue Hoffnung kam mir ins Herz. Damals war ich ein unmündiges Kind, und lange dachte ich nicht mehr an die Wohltat dieser köstlichen Speise. Als ich aber später in meinem ganzen Reich nach ihr forschen ließ, fand sich weder die Alte noch irgend einer, der Maulbeer-Omelette zu bereiten gewußt hätte. Dich will ich nun, wenn du diesen letzten Wunsch mir erfüllst, zu meinem Eidam und zum Erben des Reiches machen. Wirst du mich aber nicht zufrieden stellen, so mußt du sterben.« Da sagte der Koch: »Herr, so möget Ihr nur den Henker sogleich rufen. Denn wohl kenne ich das Geheimnis der Maulbeer-Omelette und alle Zutaten, von der gemeinen Kresse bis zum edlen Thymian. Wohl weiß ich den Vers, den man beim Rühren zu sprechen hat und wie der Quirl aus Buchsbaumholz immer nach rechts muß gedreht werden, damit er uns nicht zuletzt um den Lohn aller Mühe bringt. Aber dennoch, o König, werde ich sterben müssen. Dennoch wird meine Omelette dir nicht munden. Denn wie sollte ich sie mit alledem würzen, was du damals in ihr genossen hast: der Gefahr der Schlacht und der Wachsamkeit des Verfolgten, der Wärme des Herdes und der Süße der Rast, der fremden Gegenwart und der dunklen Zukunft.« So sprach der Koch. Der König aber schwieg eine Weile und soll ihn nicht lange danach, reich mit Geschenken beladen, aus seinen Diensten entlassen haben.

Kriminalromane, auf Reisen

Die wenigsten lesen im Eisenbahnwagen Bücher, die sie zu Hause im Regal stehen haben, kaufen lieber, was sich im letzten Augenblick ihnen bietet. Der Wirkung von langer Hand bereitgestellter Bände mißtrauen sie mit Recht. Außerdem legen sie vielleicht Wert darauf, gerade am buntbewimpelten Fahrgestell auf dem Asphalt des Perrons ihren Kauf zu machen. Jeder kennt ja den Kultus, zu dem es einlädt. Jeder hat schon einmal nach den gehißten, schwankenden Bänden gegriffen, weniger aus Lesefreude als im dunklen Gefühle, etwas zu tun, was den Göttern der Eisenbahn wohlgefällt. Er weiß, die Münzen, die er diesem Opferstock weiht, empfehlen ihn der Schonung des Kesselgottes, der durch die Nacht glüht, der Rauchnajaden, die sich über dem Zuge tummeln, und des Stuckerdämons, der Herr über alle Schlaflieder ist. Sie alle kennt er aus Träumen, kennt auch die Folge mythischer Prüfungen und Gefahren, die sich als ›Eisenbahnfahrt‹ dem Zeitgeist empfohlen hält, und die unabsehbare Flucht raumzeitlicher Schwellen, über die sie sich hinbewegt, angefangen vom berühmten ›Zu spät‹ des Zurückbleibenden, dem Urbild aller Versäumnis, bis zur Einsamkeit des Abteils, zur Angst, den Anschluß zu verpassen, zum Grauen der unbekannten Halle, in die er einfährt. Ahnungslos fühlt er sich in eine Gigantomachie verwickelt und erkennt in sich selber den sprachlosen Zeugen des Kampfes zwischen Eisenbahn- und Stationsgöttern.

Similia similibus. Die Betäubung der einen Angst durch die andere ist seine Rettung. Zwischen den frisch zertrennten Blättern der Kriminalromane sucht er die müßigen, gewissermaßen jungfräulichen Beklemmungen, die ihm über die archaischen der Reise hinweghelfen könnten. Er mag auf diesem Wege bis zum Frivolen gehen und sich Sven Elvestad mit seinem Freund Asbjörn Krag, Frank Heller und Herrn Collins zu Reisegefährten machen. Aber diese smarte Gesellschaft ist nicht nach jedermanns Geschmack. Vielleicht wünscht man sich zu Ehren des Kursbuchs einen exakteren Begleiter, wie Leo Perutz, der die kräftig mythmisierten und synkopierten Erzählungen verfaßte, deren Stationen mit der Uhr in der Hand wie Provinznester, die an der Strecke liegen, durchflogen werden; oder einen, der mehr Verständnis für die Ungewißheit der Zukunft, der man entgegenfährt, für die ungelösten Rätsel, die man zurückließ, aufbringt; dann wird man mit Gaston Leroux zusammen fahren und über dem ›Phantom der Oper‹ und dem ›Parfum der Dame in Schwarz‹ sich bald wie ein Insasse des ›Geisterzugs‹ vorkommen, der voriges Jahr über die deutschen Bühnen gerast ist. Oder man denke an Sherlock Holmes und seinen Freund Watson, wie sie das Unheimlich-Heimliche eines verstaubten zweiter Klasse-Coupés würden zur Geltung zu bringen wissen, beide als Fahrgäste in ihr Schweigen versunken, der eine hinterm Paravent einer Zeitung, der andere hinter einem Vorhang aus Rauchwolken. Vielleicht auch, daß all diese Geistergestalten vor dem Bild sich in nichts auflösen, das aus den unvergeßlichen Kriminalbüchern der A. K. Green als Porträt ihrer Verfasserin vor uns aufsteigt. Die muß man sich als alte Dame im Kapotthütchen vorstellen, die gleich gut in den verwickelten Verwandtschaften ihrer Heldinnen wie in den riesigen, knarrenden Schränken Bescheid weiß, in deren einem, nach dem englischen Sprichwort, jede Familie ein Skelett stehen hat. Ihre kurzen Geschichten haben gerade die Länge des Gotthard-Tunnels und ihre großen Romane ›Hinter verschlossenen Türen‹, ›Im Nachbarhaus‹ blühen im violett verhüllten Coupélicht auf wie die Nachtviolen.

Soviel von dem, was das Lesen dem Reisenden leistet. Aber was leistet nicht die Reise dem Leser? Wann sonst ist er ins Lesen so eingetan und kann dem Dasein seines Helden so sicher sein eigenes beigemischt fühlen? Ist sein Leib nicht das Weberschiffchen, das im Takte der Räder unermüdlich den Zettel, das Schicksalsbuch seines Helden, durchschießt? Man hat in der Postkutsche nicht gelesen und man liest nicht im

Auto. Reiselektüre ist so mit Eisenbahnfahren verbunden wie der Aufenthalt an Bahnhöfen. Bekanntlich gleichen viele Bahnhöfe Kathedralen. Wir aber wollen es den fahrbaren, grellbunten kleinen Altären, die ein Ministrant der Neugier, der Geistesabwesenheit und der Sensation schreiend am Zuge vorbeijagt, danken, wenn wir, für ein paar Stunden in das vorüberfliehende Land wie in einen wehenden Schal gekuschelt, die Schauer der Spannung und die Rhythmen der Räder über unseren Rücken dahingehen fühlen.

Nordische See

›Die Zeit, in welcher selbst der lebt, der keine Wohnung hat‹, wird dem Reisenden, der keine hinter sich ließ, ein Palais. Drei Wochen lang reihten seine vom Geräusch der Wogen erfüllten Hallen nordwärts sich aneinander. Möwen und Städte, Blumen, Möbel und Statuen erschienen auf ihren Wänden, und durch ihre Fenster fiel Tag und Nacht Licht.

Stadt. Wenn dies Meer die Campagna ist, liegt Bergen im Sabinergebirge. Und so ist es; denn das Meer ruht im tiefen Fjord immer glatt, und die Berge haben die Formen der römischen. Die Stadt aber ist nordisch. Überall gibt es Gebälk und Knacken darin. Die Dinge sind blank: Holz ist Holz, Messing ist Messing, Ziegel Ziegel. Sauberkeit treibt sie in sich zurück, macht sie mit sich bis ins Mark identisch. So werden sie stolz, wollen draußen nicht viel. Wie die Bewohner entlegener Bergdörfer einander bis auf Tod und Siechtum versippt sein können, so haben sich die Häuser vertreppt und verwinkelt. Und wo noch ein bißchen Himmel zu sehen wäre, sind grade zwei Fahnenstangen von jeder Seite der Straße im Begriff, sich zu senken. ›Halt, wenn das Nahen der Wolke bemerkbar wird!‹ Sonst ist der Himmel in Sakramentshäuschen eingefangen, hölzerne Zellchen, gotische, rote, in denen ein

Klingelzug hängt, mit dem man die Feuerwehr herbeirufen kann. Muße im Freien ist nirgendwo vorgesehen; wo Bürgerhäuser vorn einen Garten haben, ist er so dicht bestellt, daß niemand in Versuchung kommt, sich drin aufzuhalten. Vielleicht ist es daher, daß die Mädchen hier auf der Schwelle zu stehen, in der Türe zu lehnen wissen wie kaum im Süden. Das Haus hat noch strenge Grenzen. Eine Frau, die wollte wohl vor der Tür sitzen, ihren Stuhl aber hatte sie nicht lotrecht, sondern zur Hausfront parallel in die Nische der Tür gestellt, Tochter eines Geschlechts, das noch vor zweihundert Jahren in Schränken schlief. Schränke bald mit drehbaren Türen und bald mit Schiebladen, bis zu vier Stätten in ein und derselben Truhe. Für die Liebe war damit schlecht gesorgt – für die glückliche nämlich. Desto besser für die unglückliche bisweilen, wenn es nämlich ein vergeblich Liebender war, an dessen Bettstatt ich die Innenseite der Tür mit einem großen Frauenbildnis ausgefüllt sah. Eine Frau trennte ihn von der Welt: mehr hat noch keiner von seiner besten Nacht sagen können.

Blumen. Während die Bäume schüchtern werden, nirgends sich uneingefriedet mehr sehen lassen, kann man in Blumen einer ungeahnten Härte begegnen. Sie sind gewiß nicht heftiger als im gemäßigten Klima gefärbt, eher blasser. Aber wieviel entschiedener hebt sich ihre Farbe von allem Umgebenden ab. Die kleinen, Stiefmütterchen und Reseden, sind wilder, die großen, und vor allem die Rosen, bedeutungsvoller. Behutsam befördern Weiber sie durch die große Öde von einem Hafen zum andern. Stehen sie dann aber in Töpfen gegen die Scheiben der hölzernen Häuser gedrängt, sind sie weniger ein Gruß der Natur als ein Wall gegen das Außen. Wenn die Sonne durchbricht, hört alle Gemütlichkeit auf. Man kann auf Norwegisch wohl nicht sagen, daß sie es gut meint. Sie nutzt die Augenblicke ihrer wolkenlosen Herrschaft despotisch. Zehn Monate im Jahr gehört hier alles dem Dunkel. Kommt sie, so herrscht sie die Dinge an, entreißt sie, als ihr Eigentum, der Nacht und ruft in Gärten – Blau, Rot und Gelb – die Farben zum Appell, die blanke Garde der Blumen, die von keinem Wipfel beschattet werden.

Möbel. Um von den alten Bewohnern aus dem Anblick ihrer Schiffe viel zu erfahren, müßte man wenigstens rudern können. In Oslo sind zwei Wickingerschiffe zu sehen; wer aber nicht rudert, hält sich besser an die Betrachtung der Stühle, die er unweit des einen im Museum für Volkskunde findet. Sitzen kann jeder, und mancher wird es an jenen Stühlen auch innewerden, was es damit für eine Bewandtnis hat. Es ist ein gewaltiger Irrtum zu meinen, Rücken- und Seitenlehne seien ursprünglich für die Bequemlichkeit dagewesen. Sie sind Gehege, nämlich des Platzes, den der Sitzende einnimmt. Unter diesen Holzgestellen aus frühester Zeit war eins, dessen unwahrscheinlich geräumiger Sitz mit einem Gatter so umzäunt war, als sei der Hintern eine strotzende Menge, die in Schranken müsse gehalten werden. Wer da saß, tat es für viele. Alle Flächen der alten Sitze sind dem Boden näher als die unsern. Wieviel mehr halten sie aber auf diesen geringeren Abstand, während zugleich die Fläche noch die Muttererde vertritt. Allen sieht man's an, wie sehr sie zu jeder Zeit Haltung, Wissen, Ansehen und Rat dessen, der sie einnahm, bestimmten. So diesem: einem kleinen, sehr niedrigen Stühlchen, die Sitzfläche eine Mulde, die Lehne eine Mulde, alles drängt, wogt nach vorn. Das war, als hätte das Geschick auf einer Welle den, der hier saß, in den Raum gespült. Oder dem Lehnstuhl mit einer Truhe unter dem Sitz. Kein schönes Möbel, eher ein aufdringliches; Sitz eines Armen vielleicht – wer aber drin saß, wußte, was später Pascal erkannt hat: ›Es stirbt niemand so arm, daß er nicht etwas hinterließe‹. Und jenem Thron: hinter der kreisrunden Sitzfläche ohne Armstützen ragt die glatt gescheuerte, konkave Wölbung der Lehne auf wie die Apsis eines romanischen Doms, aus deren Höhe der Thronende niederblickt. In diesem Lande, das später als alle andern ›bildende Künste‹ – Plastik und Malerei – bei sich aufnahm, hat bauender Geist den Hausrat – Schrank, Tisch und Bett bis zum niedersten Schemel – bestimmt. Sie alle sind unnahbar; als genius loci hausen in ihnen noch heute Besitzer, von denen sie vor Jahrhunderten wahrhaft besessen waren.

Licht. Die Straßen von Svolvaer sind leer. Und hinter den Fenstern sind die Papierrouleaus heruntergelassen. Schlafen die Menschen? Es ist nach Mitternacht; aus einer Wohnung kommen Stimmen, aus einer anderen Geräusche von einer Mahlzeit. Und jeder Ton, der über die Straße hallt, macht diese Nacht in einen Tag umschlagen, der nicht im Kalender steht. Du bist ins Magazin der Zeit gedrungen und blickst auf Stapel unbenutzter Tage, die sich die Erde vor Jahrtausenden auf dies Eis legte. Der Mensch verbraucht in vierundzwanzig Stunden seinen Tag – diese Erde den ihren nur alle Halbjahr. Darum blieben die Dinge so unverletzt. Weder Zeit noch Hände haben die Sträucher in dem windstillen Garten und die Boote im glatten Wasser berührt. Zwei Dämmerungen begegnen sich über ihnen, teilen sich in ihren Besitz wie in den der Wolken, und schicken dich mit leeren Händen nach Hause.

Möwen. Abends, das Herz bleischwer, voller Beklemmung, auf Deck. Lange verfolge ich das Spiel der Möwen. Immer sitzt eine auf dem höchsten Mast und beschreibt die Pendelbewegungen mit, die er stoßweise in den Himmel zeichnet. Aber es ist nie auf lange Zeit ein und dieselbe. Eine andere kommt, mit zwei Flügelschlägen hat sie die erste, – ich weiß es nicht: erbeten oder verjagt. Bis mit einem Male die Spitze leer bleibt. Aber die Möwen haben nicht aufgehört, dem Schiffe zu folgen. Unübersehbar wie immer, beschreiben sie ihre Kreise. Etwas anderes ist es, was eine Ordnung in sie hineinbringt. Die Sonne ist längst untergegangen, im Osten ist es sehr dunkel. Das Schiff fährt südwärts. Einige Helle ist im Westen geblieben. Was sich nun an den Vögeln vollzog – oder an mir? – das geschah kraft des Platzes, den ich so beherrschend, so einsam in der Mitte des Achterdecks mir aus Schwermütigkeit gewählt hatte. Mit einem Male gab es zwei Möwenvölker, eines die östlichen, eines die westlichen, linke und rechte, so ganz verschieden, daß der Name Möwen von ihnen abfiel. Die linken Vögel behielten gegen den Grund des erstorbenen Himmels etwas von ihrer Helle, blitzten mit jeder Wendung auf und unter, vertrugen oder mieden sich und schienen nicht aufzuhören, eine ununterbrochene, unabsehbare Folge von Zeichen, ein ganzes, unsäglich veränderliches, flüchtiges Schwingengeflecht – aber ein lesbares – vor mich hinzuweben. Nur daß ich abglitt, um mich stets von neuem bei den andern zurückzufinden. Hier stand mir nichts mehr bevor, nichts sprach zu mir. Kaum war ich denen im Osten gefolgt, wie sie, im Fluge gegen einen letzten Schimmer, ein paar tiefschwarzer, scharfer Schwingen, sich in die Ferne verloren und wiederkehrten, so hätte ich ihren Zug schon nicht mehr beschreiben können. So ganz ergriff er mich, daß ich mir selber, schwarz vom Erlittenen, eine lautlose Flügelschar, aus der Ferne zurückkam. Links hatte noch alles sich zu enträtseln, und mein Geschick hing an jedem Wink, rechts war es schon vorzeiten gewesen, und ein einziges stilles Winken. Lange dauerte dieses Widerspiel, bis ich selbst nur noch die Schwelle war, über der die unnennbaren Boten schwarz und weiß in den Lüften tauschten.

Statuen. Eine Kammer mit moosgrünen Wänden. Alle vier sind mit Statuen bedeckt. Dazwischen einige verzierte Balken, die auf Spuren von Farbe mit Spuren von Gold ›Jason‹ oder ›Bruxelles‹ oder ›Malvina‹ entziffern lassen. Linker Hand, wenn man eintritt, ein Holzmännchen, eine Art Magister im Leibrock, einen Dreimaster auf dem Kopf. Den linken Unterarm hat er lehrhaft erhoben, aber kurz unter dem Ellenbogen bricht er ab, auch die rechte Hand und der linke Fuß fehlen. Ein Nagel geht durch den Mann, der starr in die Höhe blickt. Derbe, unscheinbare, gewöhnliche Kisten begleiten, aneinandergereiht, die Wände. Auf manchen steht ›Livbaelter‹, auf den meisten gar nichts. Man kann den Raum nach ihnen ausmessen. Zwei oder drei Kisten weiter und eine ragende Frau im reichbesetzten, weißen Gesellschaftskleid, das den üppigen Busen halb frei läßt. Auf mächtigem Ansatz ein voller holziger Hals. Volle geborstene Lippen. Unterhalb des Gürtels zwei Löcher. Eines durchs Schambein, eins tiefer in der bauschigen Robe, die keine Beine erkennen läßt. Wie sie, so wachsen all die Gestalten ringsum aus vagen, wenig gegliederten Formen auf. Mit dem Boden stehen sie auf schlechtem Fuß, ihr Halt liegt im Rücken. Ganz bunt steht zwischen den entfärbten rissigen Büsten und Statuen Einer von aller Witterung unbescholten, sein gelber Mantel ist grün gefüttert, sein rotes Gewand blau gesäumt, sein Schwert grün und grau, sein Horn gelb, er trägt eine phrygische Mütze, und spähend hält er über die Augen die Hand – Heimdall. Und wieder eine Frauengestalt, damenhafter noch als die erste. Eine Allonge-Perücke läßt ihre Locken auf ein blaues Mieder herabfallen. Statt der Arme Voluten. – Den Mann zu denken, der sie alle gesammelt, um sich gesammelt, über Länder und Meere ihnen nachgeforscht hätte im Wissen, nur bei ihm fänden sie, nur bei ihnen fände er Ruhe. Kein Liebhaber der bildenden Kunst, nein, ein Reisender, der das Glück in der Ferne suchte, als es noch in der Heimat zu finden war, und dann später sein Heim bei diesen von Ferne und Fahrt Geschundensten aufschlug. Sie alle das Antlitz von salzigen Tränen verwittert, die Blicke aus zerstoßenen, hölzernen Höhlen nach oben gerichtet, die Arme, wenn sie noch da sind, beschwörend über die Brust gekreuzt – wer sind sie , – so unsagbar hilflos und aufbegehrend – diese Niobiden des Meeres? Oder seine Mänaden? Denn sie sind über weißere Kämme gestürmt als die von Thrakien und von wilderen Pranken geschlagen worden als den Bestien, der Gefolgschaft der Artemis – sie, die Galionen. Galionen sind es. Sie stehen in der Kammer der Galionen im Schiffahrts-Museum zu Oslo. Genau in der Mitte der Kammer aber erhebt sich auf einer Estrade ein Steuerrad. Werden auch hier diese Fahrenden keine Ruhe finden, und soll es mit ihnen wieder hinaus in den Wogenschlag, der ewig ist wie das Höllenfeuer?

Ich packe meine Bibliothek aus

Eine Rede über das Sammeln

Ich packe meine Bibliothek aus. Ja. Sie steht also noch nicht auf den Regalen, die leise Langeweile der Ordnung umwittert sie noch nicht. Ich kann auch nicht an ihren Reihen entlang schreiten, um im Beisein freundlicher Hörer ihnen die Parade abzunehmen. Das alles haben Sie nicht zu befürchten. Ich muß Sie bitten, mit mir in die Unordnung aufgebrochener Kisten, in die von Holzstaub erfüllte Luft, auf den von zerrissenen Papieren bedeckten Boden, unter die Stapel eben nach zweijähriger Dunkelheit wieder ans Tageslicht beförderter Bände sich zu versetzen, um von vornherein ein wenig die Stimmung, die ganz und gar nicht elegische, viel eher gespannte zu teilen, die sie in einem echten Sammler erwecken. Denn ein solcher spricht zu Ihnen und im großen und ganzen auch nur von sich. Wäre es nicht anmaßend, hier auf eine scheinbare Objektivität und Sachlichkeit pochend die Hauptstücke oder Hauptabteilungen einer Bücherei Ihnen aufzuzählen, oder deren Entstehungsgeschichte, oder selbst deren Nutzen für den Schriftsteller Ihnen darzulegen? Ich jedenfalls habe es mit den folgenden Worten auf etwas Unverhüllteres, Handgreiflicheres abgesehen; am Herzen liegt mir, Ihnen einen Einblick in das Verhältnis eines Sammlers zu seinen Beständen, einen Einblick ins Sammeln viel mehr als in eine Sammlung zu geben. Es ist ganz willkürlich, daß ich das an Hand einer Betrachtung über die verschiedenen Erwerbungsarten von Büchern tue. Solche Anordnung oder jede andere ist nur ein Damm gegen die Springflut von Erinnerungen, die gegen jeden Sammler anrollt, der sich mit dem Seinen befaßt. Jede Leidenschaft grenzt ja ans Chaos, die sammlerische aber an das der Erinnerungen. Doch ich will mehr sagen: Zufall, Schicksal, die das Vergangene vor meinem Blick durchfärben, sie sind zugleich in dem gewohnten Durcheinander dieser Bücher sinnenfällig da. Denn was ist dieser Besitz anderes als eine Unordnung, in der Gewohnheit sich so heimisch machte, daß sie als Ordnung erscheinen kann? Sie haben schon von Leuten gehört, die am Verlust ihrer Bücher zu Kranken, von anderen, die an ihrem Erwerb zu Verbrechern geworden sind. Jede Ordnung ist gerade in diesen Bereichen nichts als ein Schwebezustand überm Abgrund. ›Das einzige exakte Wissen, das es gibt‹, hat Anatole France gesagt, ›ist das Wissen um das Erscheinungsjahr und das Format der Bücher.‹ In der Tat, gibt es ein Gegenstück zur Regellosigkeit einer Bibliothek, so ist es die Regelrechtheit ihres Verzeichnisses.

So ist das Dasein des Sammlers dialektisch gespannt zwischen den Polen der Unordnung und der Ordnung.

Es ist natürlich noch an vieles andere gebunden. An ein sehr rätselhaftes Verhältnis zum Besitz, über das nachher noch einige Worte zu sagen sein werden. Sodann: an ein Verhältnis zu den Dingen, das in ihnen nicht den Funktionswert, also ihren Nutzen, ihre Brauchbarkeit in den Vordergrund rückt, sondern sie als den Schauplatz, das Theater ihres Schicksals studiert und liebt. Es ist die tiefste Bezauberung des Sammlers, das einzelne in einen Bannkreis einzuschließen, in dem es, während der letzte Schauer – der Schauer des Erworbenwerdens – darüber hinläuft, erstarrt. Alles Erinnerte, Gedachte, Bewußte wird Sockel, Rahmen, Postament, Verschluß seines Besitztums. Zeitalter, Landschaft, Handwerk, Besitzer, von denen es stammt – sie alle rücken für den wahren Sammler in jedem einzelnen seiner Besitztümer zu einer magischen Enzyklopädie zusammen, deren Inbegriff das Schicksal seines Gegenstandes ist. Hier also, auf diesem engen Felde läßt sich mutmaßen, wie die großen Physiognomiker – und Sammler sind Physiognomiker der Dingwelt – zu Schicksalsdeutern werden. Man hat nur einen Sammler zu beobachten, wie er die Gegenstände seiner Vitrine handhabt. Kaum hält er sie in Händen, so scheint er inspiriert durch sie hindurch, in ihre Ferne zu schauen. Soviel von der magischen Seite des Sammlers, von seinem Greisenbilde könnte ich sagen. – Habent sua fata libelli – das war vielleicht gedacht als ein allgemeiner Satz über *Bücher*. Bücher, also ›Die Göttliche Komödie‹ oder ›Die Ethik‹ des Spinoza oder ›Die Entstehung der Arten‹, haben ihre Schicksale. Der Sammler aber legt diesen lateinischen Spruch anders aus. Ihm haben nicht sowohl Bücher als *Exemplare* ihre Schicksale. Und in seinem Sinn ist das wichtigste Schicksal jedes Exemplars der Zusammenstoß mit ihm selber, mit seiner eigenen Sammlung. Ich sage nicht zuviel: für den wahren Sammler ist die Erwerbung eines alten Buches dessen Wiedergeburt. Und eben darin liegt das Kindhafte, das im Sammler sich mit dem Greisenhaften durchdringt. Die Kinder nämlich verfügen über die Erneuerung des Daseins als über eine hundertfältige, nie verlegene Praxis. Dort, bei den Kindern, ist das Sammeln nur *ein* Verfahren der Erneuerung, ein anderes ist das Bemalen der Gegenstände, wieder eines das Ausschneiden, noch eines das Abziehen und so die ganze Skala kindlicher Aneignungsarten vom Anfassen bis hinauf zum Benennen. Die alte Welt erneuern – das ist der tiefste Trieb im Wunsch des Sammlers, Neues zu erwerben, und darum steht der Sammler älterer Bücher dem Quell des Sammelns näher als der Interessent für bibliophile Neudrucke. Wie Bücher nun die Schwelle einer Sammlung überschreiten, wie sie Besitz eines Sammlers werden, kurz, über ihre Erwerbsgeschichte jetzt einige Worte.

Von allen Arten sich Bücher zu verschaffen, wird als die rühmlichste betrachtet, sie selbst zu schreiben. Manche von Ihnen werden an dieser Stelle vergnügt der großen Bücherei gedenken, die Jean Pauls armes Schulmeisterlein Wuz mit der Zeit sich auf die Art zulegte, daß es alle Werke, von denen die Titel in den Meßkatalogen es interessierten, weil es sie ja nicht kaufen konnte, sich selber schrieb. Schriftsteller sind eigentlich Leute, die Bücher nicht aus Armut sondern aus Unzufriedenheit mit den Büchern schreiben, welche sie kaufen könnten, und die ihnen nicht gefallen. Das werden Sie, meine Damen und Herren, für eine schrullige Definition des Schriftstellers halten; schrullig aber ist alles, was aus dem

Sehwinkel eines echten Sammlers gesagt wird. – Von den landläufigen Erwerbsarten wäre für Sammler die schicklichste das Ausleihen mit anschließendem Nichtzurückgeben. Der Buchausleiher großen Formats, wie wir ihn hier vor Augen haben, erweist sich als eingefleischter Büchersammler nicht etwa nur durch die Inbrunst, mit der er den zusammengeborgten Schatz behütet und allen Mahnungen aus dem Alltag des Rechtslebens mit Taubheit begegnet, sondern weit mehr dadurch, daß auch er die Bücher nicht liest. Wenn Sie meiner Erfahrung glauben wollen, so geschah es immer noch eher, daß einer mir gelegentlich ein entliehenes Buch zurückbrachte, als daß er es etwa gelesen hätte. Und das – werden Sie fragen – wäre eine Eigenart der Sammler, Bücher nicht zu lesen? Das wäre ja das Neueste. Nein. Sachkundige werden Ihnen bestätigen, daß es das Älteste ist, und ich nenne hier nur die Antwort, die, wiederum, France für den Banausen in Bereitschaft hatte, der seine Bibliothek bewunderte, um sodann bei der obligaten Frage zu enden: »Und das haben Sie alles gelesen, Herr France?« – »Nicht ein Zehntel. Oder speisen Sie vielleicht täglich von Ihrem Sèvres?«

Ich habe übrigens auf das Recht einer solchen Haltung die Gegenprobe gemacht. Jahrelang – gut während des ersten Drittels ihres bisherigen Daseins – hat meine Bibliothek aus nicht mehr als zwei bis drei Reihen bestanden, die jährlich nur um Zentimeter wuchsen. Das war ihr martialisches Zeitalter, da kein Buch in sie eintreten durfte, dem ich nicht die Parole abgenommen, das ich nicht gelesen hatte. Und so wäre ich vielleicht nie zu etwas, was dem Umfang nach eine Bibliothek genannt werden kann, gekommen ohne die Inflation, die mit einmal den Akzent auf den Dingen umschlagen, die Bücher zu Sachwerten, mindestens schwer erhältlich werden ließ. So wenigstens schien es in der Schweiz. Und wirklich machte ich von dort in zwölfter Stunde meine ersten größeren Bücherbestellungen und konnte noch so unersetzliche Dinge bergen, wie den ›Blauen Reiter‹ oder Bachofens ›Sage von Tanaquil‹, die damals noch beim Verleger zu haben waren. – Nun, meinen Sie, müßten wir nach soviel Kreuz- und Querzügen endlich auf die breite Straße des Bucherwerbs kommen, welche der Kauf ist. Jawohl, eine breite Straße, aber keine gemächliche. Der Kauf des Büchersammlers hat sehr wenig Ähnlichkeit mit denen, die ein Student, um sich ein Lehrbuch anzuschaffen, ein Herr von Welt, um seiner Dame ein Geschenk zu machen, ein Geschäftsreisender, um sich die nächste Eisenbahnfahrt zu verkürzen, in einer Buchhandlung vornimmt. Meine denkwürdigsten habe ich auf Reisen, als Passant gemacht. Besitz und Haben sind dem Taktischen zugeordnet. Sammler sind Menschen mit taktischem Instinkt; ihrer Erfahrung nach kann, wenn sie eine fremde Stadt erobern, der kleinste Antiquitätenladen ein Fort, das entlegenste Papiergeschäft eine Schlüsselstellung bedeuten. Wie viele Städte haben sich mir nicht in den Märschen erschlossen, mit denen ich auf Eroberung von Büchern ausging.

Von den wichtigsten Ankäufen geht freilich über den Besuch eines Händlers gewiß nur ein Teil. Kataloge spielen eine viel größere Rolle. Und wenn der Käufer ein Buch, das er so nach dem Katalog bestellt, auch noch so gut kennt: das Exemplar bleibt immer eine Überraschung und der Bestellung immer etwas vom Hasard. Da gibt es neben empfindlichen Enttäuschungen die beglückenden Funde. So entsinne ich mich, eines Tages ein Buch mit farbigen Bildern für meine alte Sammlung von Kinderbüchern nur darum bestellt zu haben, weil es Märchen von Albert Ludwig Grimm hatte und sein Erscheinungsort Grimma in Thüringen war. Aus Grimma aber stammte ein Fabelbuch, das eben dieser Albert Ludwig Grimm herausgegeben hatte. Und dieses Fabelbuch war in dem Exemplar, das ich besaß, mit seinen 16 Bildern das einzige erhaltene Zeugnis der Anfänge des großen deutschen Illustrators Lyser, der um die Mitte des vorigen Jahrhunderts in Hamburg gelebt hat. Nun, meine Reaktion auf den Zusammenklang der Namen war präzis gewesen. Auch hier wieder entdeckte ich Arbeiten von Lyser, und zwar ein Werk – ›Linas Märchenbuch‹ – das allen seinen Bibliographen unbekannt geblieben ist und einen ausführlicheren Hinweis als diesen, den ersten, den ich darauf gebe, verdient.

Auf keinen Fall ist es beim Bucherwerb mit Geld allein oder allein mit Sachkunde getan. Und selbst beide zusammen genügen zur Begründung einer echten Bibliothek, die immer etwas Undurchschaubares und Unverwechselbares zugleich hat, nicht. Wer nach Katalogen kauft, muß zu den genannten Dingen noch eine feine Witterung besitzen. Jahreszahlen, Ortsnamen, Formate, Vorbesitzer, Einbände usw., all dieses muß ihm etwas sagen und nicht nur so im dürren Anundfürsich, sondern diese Dinge müssen zusammenklingen und nach der Harmonie und Schärfe des Zusammenklangs muß er erkennen können, ob so ein Buch zu ihm gehört oder nicht. – Wieder ganz andere Fähigkeiten sind es, die eine Auktion vom Sammler verlangt. Zum Katalogleser muß das Buch allein und allenfalls sein Vorbesitzer, wenn die Provenienz des Exemplares feststeht, sprechen. Wer auf einer Auktion eingreifen will, der muß sein Augenmerk zu gleichen Teilen auf das Buch und auf die Konkurrenten richten, und außerdem noch kühlen Kopf genug behalten, um nicht – wie es doch alltäglich geschieht – sich in den Konkurrenzkampf zu verbeißen und so zuletzt an einer Stelle, an welcher er mehr mitbot, um seinen Mann zu stehen, als um das Buch sich zu erwerben, mit einem hohen Ankaufpreis hängen zu bleiben. Dafür zählt aber zu den schönsten Erinnerungen des Sammlers der Augenblick, wo er einem Buch, an das er vielleicht nie im Leben einen Gedanken, geschweige einen Wunsch gewendet hat, beisprang, weil es so preisgegeben und verlassen auf dem offenen Markt stand und es, wie in den Märchen aus Tausendundeiner Nacht der Prinz eine schöne Sklavin, kaufte, um ihm die Freiheit zu geben. Für den Büchersammler ist nämlich die wahre Freiheit aller Bücher irgendwo auf seinen Regalen.

Als Denkmal meines aufregendsten Auktionserlebnisses ragt über langen Reihen französischer Bände noch heute in meiner Bibliothek Balzacs ›Peau de chagrin‹. Das war 1915 auf der Auktion Rümann bei Emil Hirsch, einem der größten Bücherkenner und zugleich vornehmsten Kaufleute. Die Ausgabe, um die es sich handelt, ist 1838 in Paris Place de la Bourse erschienen. Eben, da ich mein Exemplar zur Hand nehme, sehe ich nicht nur die Nummer der Rümannschen Sammlung, sondern sogar die Etikette der Buchhandlung vor mir, in der vor über 90 Jahren der erste Erwerber es ungefähr zu einem Achtzigstel des heutigen Preises gekauft hat. Papeterie I. Flanneau heißt es da. Eine schöne Zeit, da man solche Prachtwerke – denn die Stahlstiche dieses Buches sind von dem größten französischen Zeichner entworfen und von den größten Stechern ausgeführt worden – wo man ein solches Buch noch in einer Papeterie kaufen konnte. Aber ich wollte die Erwerbungsgeschichte erzählen. Ich war zur Vorbesichtigung zu Emil Hirsch gekommen, hatte mir 40 oder 50 Bände durch die Hand gehen lassen, diesen aber mit dem glühenden Wunsch, ihn nie mehr aus ihr geben zu müssen. Der Tag der Auktion kam. Ein Zufall wollte, daß in der Versteigerungsordnung vor diesem Exemplar der ›Peau de chagrin‹ die komplette Folge ihrer Illustrationen in Sonderabzügen auf China erschien. Die Bieter saßen an einer langen Tafel; schräg gegenüber von mir der Mann, der bei dem nun folgenden Ausgebot alle Blicke auf sich vereinigte: der berühmte Münchener Sammler, Freiherr vom Simolin. Es ging ihm um diese Folge, er hatte Konkurrenten, kurz es kam zu einem scharfen Kampf, dessen Ergebnis das Höchstgebot der ganzen Auktion, ein Preis weit über 3000 RM war. Niemand schien einen so hohen Betrag erwartet zu haben, eine Bewegung ging durch die Anwesenden. Emil Hirsch gab nicht darauf acht und sei es, um Zeit zu sparen, sei es aus anderen Erwägungen, ging er unter allgemeiner Unaufmerksamkeit der Versammlung zur folgenden Nummer über. Er rief den Preis aus, ich ging mit Herzklopfen bis zum Halse und in dem klaren Bewußtsein, mit keinem der anwesenden großen Sammler den Wettbewerb aufnehmen zu können, etwas darüber. Der Auktionator aber, ohne die Beachtung der Versammlung zu erzwingen, schritt mit den üblichen Formeln ›niemand mehr‹ und drei Schlägen – mir schienen sie wie durch eine Ewigkeit voneinander getrennt – zum Zuschlag. Für mich als Studenten war die Summe immer noch hoch genug. Der folgende Vormittag im Leihhaus aber gehört nicht mehr zu dieser Geschichte, und anstatt dessen spreche ich lieber von einer Begebenheit, die ich das Negativ einer Auktion nennen möchte. Das war auf einer Berliner Versteigerung des vorigen Jahres. Ausgeboten wurde eine nach Qualität und Stoffgebiet recht gemischte Reihe von Büchern, unter denen nur eine Anzahl seltener okkultistischer und naturphilosophischer Werke bemerkenswert waren. Ich bot auf eine Anzahl von ihnen, bemerkte aber, so oft ich eingriff, einen Herrn in den vorderen Reihen, der nur auf mein Gebot gewartet zu haben schien, um mit dem seinigen bis zu beliebiger Höhe einzusetzen. Nachdem ich diese Erfahrung hinreichend wiederholt hatte, gab ich für den Erwerb des Buches, an dem mir an diesem Tage am meisten lag, alle Hoffnung auf. Es waren die seltenen ›Fragmente aus dem Nachlasse eines jungen Physikers‹, die Johann Wilhelm Ritter 1810 in 2 Bänden in Heidelberg hatte erscheinen lassen. Das Werk ist nie wieder gedruckt worden, die Vorrede aber, in welcher der Herausgeber als Nachruf auf seinen angeblich verstorbenen ungenannten Freund, der doch niemand ist als er selber, die Darstellung des eigenen Lebens gegeben hat, ist mir von jeher als die bedeutendste persönliche Prosa der deutschen Romantik erschienen. Im Augenblick, da man die Nummer ausrief, kam mir eine Erleuchtung. Einfach genug: Da mein Gebot die Nummer unfehlbar dem andern zuschanzen mußte, durfte ich gar nicht bieten. Ich bezwang mich, blieb stumm. Was ich erhofft hatte, trat nun ein: Kein Interesse, kein Gebot, das Buch ging zurück. Ich hielt es für klug, noch einige Tage verstreichen zu lassen. In der Tat, als ich nach einer Woche erschien, fand ich das Buch beim Antiquar vor, und der Mangel an Interesse, welchen man ihm bewiesen hatte, kam mir nun bei der Erwerbung zustatten.

Was drängt nicht alles an Erinnerung herbei, hat man sich einmal in das Kistengebirge begeben, um die Bücher im Tag- oder besser im Nachtbau aus ihm herauszuholen. Nichts könnte die Faszination dieses Auspackens deutlicher machen, als wie schwer es ist, damit aufzuhören. Mittags hatte ich begonnen, und es war Mitternacht, ehe ich an die letzten Kisten mich herangearbeitet hatte. Hier aber fielen mir nun am Ende zwei verschossene Pappbände in die Hand, die streng genommen gar nicht in eine Bücherkiste gehören: zwei Alben mit Oblaten, die meine Mutter als Kind geklebt hat, und die ich geerbt habe. Sie sind die Samen einer Sammlung von Kinderbüchern, die noch heut ständig fortwächst, wenn auch nicht mehr in meinem Garten. – Es gibt keine lebendige Bibliothek, die nicht eine Anzahl von Buchgeschöpfen aus Grenzgebieten bei sich beherbergte. Es brauchen nicht Oblatenalben oder Stammbücher zu sein, weder Autographen noch Einbände mit Pandekten oder Erbauungstexten im Innern: manche werden an Flugblättern und Prospekten, andere an Handschriftfaksimiles oder Schreibmaschinenabschriften unauffindbarer Bücher hängen, und erst recht können Zeitschriften die prismatischen Ränder einer Bibliothek bilden. Um aber auf jene Alben zurückzukommen, so ist eigentlich Erbschaft die triftigste Art und Weise zu einer Sammlung zu kommen. Denn die Haltung des Sammlers seinen Besitztümern gegenüber stammt aus dem Gefühl der Verpflichtung des Besitzenden gegen seinen Besitz. Sie ist also im höchsten Sinne die Haltung des Erben. Den vornehmsten Titel einer Sammlung wird darum immer ihre Vererbbarkeit bilden. Wenn ich das sage, so bin ich – das sollen Sie wissen – mir recht genau darüber im klaren, wie sehr solche Entwicklung der im Sammeln enthaltenen Vorstellungswelt viele von Ihnen in ihrer Überzeugung vom Unzeitgemäßen dieser Passion, in ihrem Mißtrauen gegen den Typus des Sammlers bestärken wird. Nichts liegt mir ferner, als Sie zu erschüttern, weder in jener Anschauung noch diesem Mißtrauen. Und nur das eine wäre anzumerken: Das

Phänomen der Sammlung verliert, indem es sein Subjekt verliert, seinen Sinn. Wenn öffentliche Sammlungen nach der sozialen Seite hin unanstößiger, nach der wissenschaftlichen nützlicher sein mögen als die privaten – die Gegenstände kommen nur in diesen zu ihrem Recht. Im übrigen weiß ich, daß für den Typus, von dem ich hier spreche und den ich, ein wenig ex officio, vor Ihnen vertreten habe, die Nacht hereinbricht. Aber wie Hegel sagt: erst mit der Dunkelheit beginnt die Eule der Minerva ihren Flug. Erst im Aussterben wird der Sammler begriffen.

Nun ist es vor der letzten halbgeleerten Kiste schon längst nach Mitternacht geworden. Andere Gedanken erfüllen mich als von denen ich sprach. Nicht Gedanken; Bilder, Erinnerungen. Erinnerungen an die Städte, in denen ich so vieles gefunden habe: Riga, Neapel, München, Danzig, Moskau, Florenz, Basel, Paris; Erinnerungen an die Münchener Prachträume Rosenthals, an den Danziger Stockturm, wo der verstorbene Hans Rhaue hauste, an den muffigen Bücherkeller von Süßengut, Berlin N; Erinnerungen an die Stuben, wo diese Bücher gestanden haben, meine Studentenbude in München, mein Berner Zimmer, an die Einsamkeit von Iseltwald am Brienzer See und schließlich mein Knabenzimmer, aus dem nur noch vier oder fünf der mehreren tausend Bände, die sich um mich zu türmen beginnen, stammen. Glück des Sammlers, Glück des Privatmanns! Hinter niemandem hat man weniger gesucht und keiner befand sich wohler dabei als er, der in der Spitzwegmaske sein verrufenes Dasein weiterführen konnte. Denn in seinem Innern haben ja Geister, mindestens Geisterchen, sich angesiedelt, die es bewirken, daß für den Sammler, ich verstehe den rechten, den Sammler wie er sein soll, der Besitz das allertiefste Verhältnis ist, das man zu Dingen überhaupt haben kann: nicht daß sie in ihm lebendig wären, er selber ist es, der in ihnen wohnt. So habe ich eines seiner Gehäuse, dessen Bausteine Bücher sind, vor Ihnen aufgeführt und nun verschwindet er drinnen, wie recht und billig.

Der destruktive Charakter

Es könnte einem geschehen, daß er, beim Rückblick auf sein Leben, zu der Erkenntnis käme, fast alle tieferen Bindungen, die er in ihm erlitten habe, seien von Menschen ausgegangen, über deren ›destruktiven Charakter‹ alle Leute sich einig waren. Er würde eines Tages, vielleicht zufällig, auf diese Tatsache stoßen, und je härter der Chock ist, der ihm so versetzt wird, desto größer sind damit seine Chancen für eine Darstellung des destruktiven Charakters.

Der destruktive Charakter kennt nur eine Parole: Platz schaffen; nur eine Tätigkeit: räumen. Sein Bedürfnis nach frischer Luft und freiem Raum ist stärker als jeder Haß.

Der destruktive Charakter ist jung und heiter. Denn Zerstören verjüngt, weil es die Spuren unseres eigenen Alters aus dem Weg räumt; es heitert auf, weil jedes Wegschaffen dem Zerstörenden eine vollkommene Reduktion, ja Radizierung seines eignen Zustands bedeutet. Zu solchem appolinischen Zerstörerbilde führt erst recht die Einsicht, wie ungeheuer sich die Welt vereinfacht, wenn sie auf ihre Zerstörungswürdigkeit geprüft wird. Dies ist das große Band, das alles Bestehende einträchtig umschlingt. Das ist ein Anblick, der dem destruktiven Charakter ein Schauspiel tiefster Harmonie verschafft.

Der destruktive Charakter ist immer frisch bei der Arbeit. Die Natur ist es, die ihm das Tempo vorschreibt, indirekt wenigstens: denn er muß ihr zuvorkommen. Sonst wird sie selber die Zerstörung übernehmen.

Dem destruktiven Charakter schwebt kein Bild vor. Er hat wenig Bedürfnisse, und das wäre sein geringstes: zu wissen, was an Stelle des Zerstörten tritt. Zunächst, für einen Augenblick zumindest, der leere Raum, der Platz, wo das Ding gestanden, das Opfer gelebt hat. Es wird sich schon einer finden, der ihn braucht, ohne ihn einzunehmen.

Der destruktive Charakter tut seine Arbeit, er vermeidet nur schöpferische. So wie der Schöpfer der Einsamkeit sich sucht, muß der Zerstörende fortdauernd sich mit Leuten, mit Zeugen seiner Wirksamkeit umgeben.

Der destruktive Charakter ist ein Signal. So wie ein trigonometrisches Zeichen von allen Seiten dem Winde, ist er von allen Seiten dem Gerede ausgesetzt. Dagegen ihn zu schützen, ist sinnlos.

Der destruktive Charakter ist gar nicht daran interessiert, verstanden zu werden. Bemühungen in dieser Richtung betrachtet er als oberflächlich. Das Mißverstandenwerden kann ihm nichts anhaben. Im Gegenteil, er fordert es heraus, wie die Orakel, diese destruktiven Staatseinrichtungen, es herausgefordert haben. Das kleinbürgerlichste aller Phänomene, der Klatsch, kommt nur zustande, weil die Leute nicht mißverstanden werden wollen. Der destruktive Charakter läßt sich mißverstehen; er fördert den Klatsch nicht.

Der destruktive Charakter ist der Feind des Etui-Menschen. Der Etui-Mensch sucht seine Bequemlichkeit, und das Gehäuse ist ihr Inbegriff. Das Innere des Gehäuses ist die mit Samt ausgeschlagene Spur, die er in die Welt gedrückt hat. Der destruktive Charakter verwischt sogar die Spuren der Zerstörung.

Der destruktive Charakter steht in der Front der Traditionalisten. Einige überliefern die Dinge, indem sie sie unantastbar machen und konservieren, andere die Situationen, indem sie sie handlich machen und liquidieren. Diese nennt man die Destruktiven.

Der destruktive Charakter hat das Bewußtsein des historischen Menschen, dessen Grundaffekt ein unbezwingliches Mißtrauen in den Gang der Dinge und die Bereitwilligkeit ist, mit der er jederzeit davon Notiz nimmt, daß alles schief gehen kann. Daher ist der destruktive Charakter die Zuverlässigkeit selbst.

Der destruktive Charakter sieht nichts Dauerndes. Aber eben darum sieht er überall Wege. Wo andere auf Mauern oder Gebirge stoßen, auch da sieht er einen Weg. Weil er aber überall einen Weg sieht, hat er auch überall aus dem Weg zu räumen. Nicht immer mit roher Gewalt, bisweilen mit veredelter. Weil er überall Wege sieht, steht er selber immer am Kreuzweg. Kein Augenblick kann wissen, was der nächste bringt. Das Bestehende legt er in Trümmer, nicht um der Trümmer, sondern um des Weges willen, der sich durch sie hindurchzieht.

Der destruktive Charakter lebt nicht aus dem Gefühl, daß das Leben lebenswert sei, sondern daß der Selbstmord die Mühe nicht lohnt.

Der enthüllte Osterhase
oder
kleine Versteck-Lehre

Verstecken heißt: Spuren hinterlassen. Aber unsichtbare. Es ist die Kunst der leichten Hand. Rastelli konnte Sachen in der Luft verstecken.

Je luftiger ein Versteck, desto geistreicher. Je freier es dem Blick nach allen Seiten preisgegeben, desto besser.

Also beileibe nichts in Schubladen, Schränke, unter die Betten oder ins Klavier stecken.

Fairneß am Ostermorgen: Alles so zu verstecken, daß es entdeckt werden kann, ohne daß irgendein Gegenstand vom Fleck bewegt werden muß.

Es braucht darum nicht frei zu liegen: eine Falte in der Tischdecke, ein Bausch im Vorhang kann schon den Ort verraten, an dem man zu suchen hat.

Sie kennen Poes Geschichte vom ›Entwendeten Brief‹? Dann erinnern Sie sich sicher der Frage: »Haben Sie nicht bemerkt, daß alle Menschen, wenn sie einen Brief verstecken, ihn, wenn auch nicht gerade in ein ausgehöhltes Stuhlbein, so doch wenigstens in irgend einem verborgenen Loch oder Winkel unterbringen?« Herr Dupin, Poes Detektiv, weiß das. Und darum findet er den Brief da, wo sein sehr gerissener Gegenspieler ihn aufbewahrt: nämlich im Kartenhalter an der Wand, vor aller Leute Augen.

Nicht in der ›guten Stube‹ suchen lassen. Ostereier gehören ins Wohnzimmer, und je unaufgeräumter es ist, desto besser.

Im achtzehnten Jahrhundert hat man gelehrte Abhandlungen über die seltsamsten Dinge geschrieben: über Findelkinder und Spukhäuser, über die Arten des Selbstmordes und die Bauchrednerei. Ich könnte mir eine übers Eierverstecken ausdenken, die es an Gelehrsamkeit mit den genannten aufnehmen könnte.

Sie würde zerfallen in drei Hauptstücke oder Kapitel. Darinnen würde der Leser bekanntgemacht mit den drei Urprinzipien oder Anfangsgründen aller Verstecke-Kunst.

Ad eins: Das Prinzipium der Klammer. Das wäre die Anweisung zur Ausnutzung von Fugen und Spalten. Der Unterricht in der Kunst, Eier in der Schwebe zu halten zwischen Riegeln und Klinken, zwischen Bild und Wand, zwischen Tür und Angel, in der Öffnung eines Schlüssels so gut wie zwischen den Röhren einer Zentralheizung.

Ad zwei: Das Prinzipium der Füllung. In diesem Kapitel würde man lernen, Eier als Pfropfen auf den Flaschenhals, als Lichter auf den Kerzenhalter, als Staubgefäß in einen Blumenkelch, als Birne in eine elektrische Lampe zu praktizieren.

Ad drei: Das Prinzipium der Höhe und Tiefe. Bekanntlich fassen die Leute zuerst ins Auge, was ihnen in Blickhöhe gegenüber ist; dann schauen sie nach oben, erst ganz zuletzt kümmern sie sich um das, was zu ihren Füßen liegt. Kleine Eier kann man auf Bildleisten balancieren lassen, größere auf dem Kronleuchter, wenn man ihn noch nicht abgeschafft hat. Aber was hat das alles zu sagen im Vergleich mit der Fülle von abgefeimten Asylen, die wir fünf oder zehn Zentimeter überm Fußboden zur Verfügung haben. Da kommt in Gestalt von Tischfüßen, Sockeln, Teppichfransen, Papierkörben, Klavierpedalen das Gras, in das der echte Osterhase allein seine Eier legt, sozusagen in der Großstadtwohnung zu Ehren.

Und da wir einmal bei der Großstadt sind, soll auch ein Trostwort für die noch dastehen, die zwischen spiegelglatten Wänden in stählernen Möbeln hausen und ihr Dasein, ganz ohne Rücksicht auf den Festkalender, rationalisiert haben. Die mögen sich ihr Grammophon oder ihre Schreibmaschine nur einmal aufmerksam angucken, dann werden sie sehen, daß sie auf kleinstem Raum an ihnen soviel Löcher und Verstecke haben als bewohnten sie eine Siebenzimmerwohnung im Makartstil.

Und nun wäre es gut, diese gewitzte Liste den Kleinen nicht vor Ostermontag in die Hände fallen zu lassen.

Ibizenkische Folge

Ibiza, April/Mai 1932.

Höflichkeit

Es ist bekannt, wie die beglaubigten Forderungen der Ethik: Aufrichtigkeit, Demut, Nächstenliebe, Mitleid und viele andere im Interessenkampf des Alltags ins Hintertreffen geraten. Desto erstaunlicher, daß man so selten über die Vermittlung nachgedacht hat, die die Menschen seit Jahrtausenden in diesem Konflikt gesucht und gefunden haben. Das wahrhaft Mittlere, die Resultante zwischen den widerstreitenden Komponenten der Sittlichkeit und des Kampfes ums Dasein ist Höflichkeit. Die Höflichkeit ist keins von beiden: weder sittliche Forderung noch Waffe im Kampf und ist dennoch beides. Mit anderen Worten: sie ist ein Nichts und sie ist alles, je nachdem, von welcher Seite man sie betrachtet. Ein Nichts ist sie als schöner Schein, als Form, gefällig über die Grausamkeit des Streits, der von den Partnern ausgetragen wird, hinwegzutäuschen. Und wie sie nichts weniger als rigorose Sittenvorschrift (sondern nur Repräsentation der außer Kraft gesetzten), so ist auch ihr Wert für den Kampf ums Dasein (Repräsentation von seiner Unentschiedenheit) fiktiv. Dieselbe Höflichkeit jedoch ist alles, wo sie von der Konvention sich selbst und damit auch den Vorgang freimacht. Ist das Verhandlungszimmer von den Schranken der Konvention wie eine Stechbahn rings umschlossen, so tritt die wahre Höflichkeit in Kraft, indem sie diese Schranken niederreißt, das heißt den Kampf ins Schrankenlose erweitert, doch zugleich alle jene Kräfte und Instanzen, die er ausschloß, als Helfer, Mittler und Versöhner einläßt. Wer sich von dem abstrakten Bild der Lage, in welcher er mit seinem Partner sich befindet, beherrschen läßt, wird immer nur gewalttätige Versuche, den Sieg in diesem Kampf an sich zu reißen, unternehmen können. Er hat alle Chancen, der Unhöfliche zu bleiben. Ein wacher Sinn dagegen für das Extreme, Komische, Private oder Überraschende der Lage ist die Hohe Schule der Höflichkeit. Er spielt dem, der ihn übt, die Regie der Unterhandlung, am Ende aber auch die der Interessen zu; und schließlich ist er es, der ihre widerstreitenden Elemente vor den erstaunten Augen seines Partners wie die Karten einer Patience verschiebt. Geduld ist ohnehin das Kernstück der Höflichkeit und von allen Tugenden vielleicht die einzige, welche sie unverwandelt übernimmt. Was aber die übrigen betrifft, von denen die gottverlassene Konvention vermeint, es könne ihnen nur in einem ›Konflikt der Pflichten‹ ihr Recht werden, so hat die Höflichkeit als die Muse des Mittelwegs ihnen längst gegeben, was ihnen zukommt: nämlich dem Unterliegenden die nächste Chance.

Nicht abraten

Wer um Rat gefragt wird, tut gut, zuerst des Fragenden eigene Meinung zu ermitteln, um sie sodann ihm zu bekräftigen. Von eines anderen größerer Klugheit ist keiner so leicht überzeugt, und wenige würden daher um Rat fragen, geschähe es mit dem Vorsatz, einem fremden zu folgen. Es ist vielmehr ihr eigener Entschluß, im Stillen schon gefaßt, den sie noch einmal, von der Kehrseite gleichsam, als ›Rat‹ des anderen kennen lernen wollen. Diese Vergegenwärtigung erbitten sie von ihm, und sie haben recht. Denn das Gefährlichste ist, was man ›bei sich‹ beschloß, ins Werk zu setzen, ohne es Rede und Gegenrede wie einen Filter passieren zu lassen. Darum ist dem, der Rat sucht, schon halb geholfen, und wenn er Verkehrtes vorhat, so ist, ihn skeptisch zu bestärken, besser, als ihm überzeugt zu widersprechen.

Raum für das Kostbare

Durch offene Türen, vor denen Perlvorhänge gerafft sind, dringt in den kleinen Dörfern im Süden Spaniens der Blick in Interieurs, aus deren Schatten das Weiß der Wände blendend hervorschlägt. Diese Wände werden vielmals im Jahre geweißt. Und vor der rückwärtigen stehen für gewöhnlich, streng ausgerichtet und symmetrisch, drei, vier Stühle. Um ihre Mittelachse aber spielt die Zunge einer unsichtbaren Waage, in der Willkomm und Abwehr in gleich schweren Schalen liegen. Wie sie so dastehen, anspruchslos in der Form, aber mit auffallend schönem Geflecht, läßt sich manches von ihnen ablesen. Kein Sammler könnte Teppiche Ispahans oder Gemälde van Dycks mit größerem Selbstbewußtsein an den Wänden seines Vestibüls ausstellen als der Bauer diese Stühle in der kahlen Diele. Sie sind aber nicht nur Stühle. Wenn der Sombrero über der Lehne hängt, so haben sie im Nu ihre Funktion gewechselt. Und in der neuen Gruppe erscheint der Strohhut nicht weniger kostbar als der schlichte Stuhl. So mögen Fischernetz und Kupferkessel,

Ruder und tönerne Amphora sich zusammenfinden und hundertmal am Tag sind sie beim Anstoß des Bedarfs bereit, den Platz zu wechseln, neu sich zu vereinen. Mehr oder minder sind sie alle kostbar. Und das Geheimnis ihres Wertes ist die Nüchternheit – jene Kargheit des Lebensraums, in dem sie nicht allein die Stelle, die sie gerade haben, sichtbar haben, sondern Raum, die immer neuen Stellen einzunehmen, an die sie gerufen werden. Im Hause, wo kein Bett ist, ist der Teppich, mit welchem der Bewohner nachts sich zudeckt, im Wagen, wo kein Polster ist, das Kissen kostbar, das man auf seinen harten Boden legt. In unseren wohlbestellten Häusern aber ist kein Raum für das Kostbare, weil kein Spielraum für seine Dienste.

Erster Traum

Mit Jula war ich unterwegs, es war ein Mittelding zwischen Bergwanderung und Spaziergang, das wir unternommen hatten, und nun näherten wir uns dem Gipfel. Seltsamerweise wollte ich das an einem sehr hohen, schräg in den Himmel stoßenden Pfahl erkennen, der, an der überragenden Felswand aufragend, sie überschnitt. Als wir dann oben waren, war das gar kein Gipfel, sondern eher ein Hochplateau, über das eine breite, beiderseits von altertümlichen ziemlich hohen Häusern gebildete Straße sich zog. Nun waren wir mit einmal nicht mehr zu Fuß, sondern saßen in einem Wagen, der durch diese Straße fuhr, nebeneinander, auf dem rückwärtigen Sitz, wie mir scheint; vielleicht änderte auch, während wir in ihm saßen, der Wagen die Fahrtrichtung. Da beugte ich mich zu Jula, um sie zu küssen. Sie bot mir nicht den Mund, sondern die Wange. Und während ich sie küßte, bemerkte ich, daß diese Wange aus Elfenbein und ihrer ganzen Länge nach von schwarzen, kunstvoll ausgespachtelten Riefen durchzogen war, die mich durch ihre Schönheit ergriffen.

Windrose des Erfolges

Es ist ein eingewurzeltes Vorurteil, daß es der Wille sei, der zum Erfolge der Schlüssel ist. Ja, läge der Erfolg nur in der Linie des Einzeldaseins, wäre er nicht auch der Ausdruck dafür, wie dieses Dasein in das Weltgefüge eingreift. Ein Ausdruck freilich, voller Vorbehalte. Doch sind denn Vorbehalte etwa weniger gegenüber dem Einzeldasein und dem Weltgefüge selbst am Platz? Daher ist der Erfolg, den man so gerne als blindes Spiel des Zufalls beiseite schiebt, der tiefste Ausdruck für die Kontingenzen dieser Welt. Der Erfolg ist die Marotte des Weltgeschehens. Somit hat er am wenigsten zu schaffen mit dem Willen, der ihm nachjagt. Überhaupt sind es nicht die Gründe, die ihn herbeiführen, an denen seine wahre Natur sich dartut, sondern die Figuren der Menschen, die er bestimmt. Es sind seine Lieblinge, an denen er sich zu erkennen gibt. Seine Schoßkinder – und seine Stiefkinder. Der Marotte des Weltgeschehens entspricht die Idiosynkrasie im Einzeldasein. Davon sich Rechenschaft zu geben, war von jeher das Vorrecht des Komischen, dessen Gerechtigkeit kein Werk des Himmels, sondern das unzähliger Versehen ist, die endlich, infolge eines letzten kleinen Fehlers, doch das genaue Resultat ergeben. Wo aber sitzt die Idiosynkrasie des Subjekts? In der Überzeugung. Der Nüchterne, der keine Idiosynkrasien hat, lebt, ohne Überzeugungen zu kennen; Leben und Denken haben sie ihm längst zu Weisheit, wie Mühlsteine das Korn zu Mehl, zerrieben. Die komische Figur jedoch ist niemals weise. Sie ist ein Schelm, ein Tropf, ein Narr, ein armer Schlucker, aber was sie auch sei: diese Welt paßt ihr wie angegossen. Ihr ist Erfolg kein Stern und Mißerfolg kein Unstern. Sie fragt nach Schicksal, Mythos und Verhängnis überhaupt nicht. Ihr Schlüssel ist eine mathematische Figur, die um die Achsen des Erfolges und der Überzeugung konstruiert ist. Die Windrose des Erfolges:

Erfolg bei Preisgabe jedweder Überzeugung. Normalfall des Erfolges: Chlestakoff oder der Hochstapler. – Der Hochstapler läßt sich von der Situation wie ein Medium leiten. Mundus vult decipi. Er wählt sogar seine Namen der Welt zu Gefallen.

Erfolg bei Annahme jedweder Überzeugung. Geniefall des Erfolges: Schweyk oder der Glückspilz. – Der Glückspilz ist eine ehrliche Haut, die es allen recht machen will. Hans im Glück tauscht mit jedem, der Lust dazu hat.

Erfolglosigkeit bei Annahme jedweder Überzeugung. Normalfall der Erfolglosigkeit: Bouvard und Pécuchet oder der Spießer. – Der Spießer ist der Märtyrer jedweder Überzeugung von Laotse bis Rudolf Steiner. Für jede aber ›nur ein viertel Stündchen‹.

Erfolglosigkeit bei Preisgabe jedweder Überzeugung. Geniefall der Erfolglosigkeit. Chaplin oder der Schlemihl. – Der Schlemihl nimmt an nichts Anstoß; er stolpert nur über seine eigenen Füße. Er ist der einzige Friedensengel, der auf die Erde paßt.

Dies die Windrose zur Bestimmung aller guten und widrigen Winde, die mit dem menschlichen Dasein ihr Spiel treiben. Nichts bleibt als ihre Mitte zu bestimmen, den Schnittpunkt der Achsen, den Ort völliger Indifferenz von Erfolg und von Mißerfolg. In dieser Mitte ist der Don Quichotte zu Hause, *der Mann einer einzigen Überzeugung*, dessen Geschichte lehrt, daß in dieser besten oder schlechtesten aller denkbaren Welten, – nur ist sie eben nicht denkbar – die Überzeugung, es sei wahr, was in den Ritterbüchern steht, einen geprügelten Narren selig macht, wenn sie nur seine einzige ist.

Übung

Daß der Schüler den Inhalt des Buchs unterm Kopfkissen am Morgen auswendig weiß, der Herr es den Seinen im Schlafe gibt und die Pause schöpferisch ist – dem Spielraum zu geben ist das A und O aller Meisterschaft und ihr Kennzeichen. Dieser Lohn eben ist es, vor den die Götter den Schweiß gesetzt haben. Denn Kinderspiel ist Arbeit, welche mäßigen Erfolg verspricht, mit der verglichen, die das Glück herbeiruft. So rief Rastellis ausgestreckter kleiner Finger den Ball herbei, der wie ein Vogel auf ihn heraufhüpfte. Die Übung von Jahrzehnten, die dem voranging, hat in Wahrheit weder den Körper noch den Ball ›unter seine Gewalt‹, sondern dies zustande gebracht: daß beide hinter seinem Rücken sich verständigten. Den Meister durch Fleiß und Mühe bis zur Grenze der Erschöpfung zu ermüden, so daß endlich der Körper und ein jedes seiner Glieder nach ihrer eigenen Vernunft handeln können – das nennt man üben. Der Erfolg ist, daß der Wille, im Binnenraum des Körpers, ein für alle Mal zu Gunsten der Organe abdankt – zum Beispiel der Hand. So kommt es vor, daß einer nach langem Suchen das Vermißte sich aus dem Kopf schlägt, dann eines Tages etwas anderes sucht und so das erste ihm in die Hand fällt. Die Hand hat sich der Sache angenommen und im Handumdrehn ist sie einig mit ihr geworden.

Vergiß das Beste nicht

Eine mir bekannte Person war am ordentlichsten in der Periode ihres Lebens, als sie am unglücklichsten war. Sie vergaß nichts. Ihre laufenden Geschäfte registrierte sie bis ins Kleinste, und wenn es sich um eine Verabredung handelte – die sie niemals vergaß – war sie die Pünktlichkeit selbst. Ihr Lebensweg war wie gepflastert, und es blieb nicht die kleinste Ritze, wo die Zeit hätte ins Kraut schießen können. So ging es eine ganze Weile fort. Da traten Umstände ein, die eine Änderung im Dasein des Betreffenden zur Folge hatten. Es begann damit, daß er die Uhr abschaffte. Er übte sich im Zuspätkommen, und wenn der andere schon gegangen war, nahm er Platz, um zu warten. Hatte er etwas zur Hand zu nehmen, so fand er es selten, und mußte er irgendwo aufräumen, so wuchs die Unordnung anderswo um so mehr. Wenn er an seinen Schreibtisch trat, sah es aus, als ob da einer gehaust hätte.

Er selber aber war es, welcher so in Trümmern horstete und hauste, und was er auch besorgte, gleich baute er, wie Kinder, wenn sie spielen, sich selber ein. Und wie die Kinder überall in Taschen, im Sand, im Schubfach auf Vergessenes stoßen, was sie sich da versteckt gehalten haben, so ging es ihm nicht nur im Denken, sondern auch im Leben. Freunde besuchten ihn, wenn er am wenigsten an sie dachte und sie am nötigsten hatte, und seine Geschenke, die nicht kostbar waren, kamen so zur rechten Zeit, als hätte er die Wege des Himmels in Händen. Damals erinnerte er sich am liebsten der Sage vom Hirtenbuben, der eines Sonntags Einlaß in den Berg mit seinen Schätzen, zugleich jedoch die rätselhafte Weisung mitbekommt: ›Vergiß das Beste nicht.‹ In dieser Zeit befand er sich leidlich wohl. Weniges erledigte er und hielt nichts für erledigt.

Gewohnheit und Aufmerksamkeit

Die erste aller Eigenschaften, sagt Goethe, ist die Aufmerksamkeit. Sie teilt jedoch den Vorrang mit der Gewohnheit, die ihr vom ersten Tage an das Feld bestreitet. Alle Aufmerksamkeit muß in Gewohnheit münden, wenn sie den Menschen nicht sprengen, alle Gewohnheit von Aufmerksamkeit verstört werden, wenn sie den Menschen nicht lähmen soll. Aufmerken und Gewöhnung, Anstoß nehmen und Hinnehmen sind Wellenberg und Wellental im Meer der Seele. Dieses Meer aber hat seine Windstillen. Daß einer, der ganz und gar auf einen quälenden Gedanken, auf einen Schmerz und seine Stöße sich konzentriert, dem leisesten Geräusche, einem Murmeln, dem Flug eines Insekts zur Beute werden kann, den ein aufmerksameres und schärferes Ohr vielleicht gar nicht vernommen hätte, steht außer Zweifel. Die Seele, so meint man, läßt sich um so leichter ablenken, je konzentrierter sie ist. Aber ist dieses Lauschen nicht weniger das Ende als die äußerste Entfaltung der Aufmerksamkeit – der Augenblick, da sie aus ihrem eigenen Schoße die Gewohnheit hervorgehen läßt? Dies Schwirren oder Summen ist die

Schwelle, und unvermerkt hat die Seele sie überschritten. Es ist, als wolle sie nie mehr in die gewohnte Welt zurück, sie wohnt nun in einer neuen, in der der Schmerz ihr Quartiermacher ist. Aufmerksamkeit und Schmerz sind Komplemente. Doch auch Gewohnheit hat ein Komplement, und dessen Schwelle übertreten wir im Schlaf. Denn was im Traume sich an uns vollzieht, ist ein neues und unerhörtes Merken, das sich im Schoße der Gewohnheit losringt. Erlebnisse des Alltags, abgedroschene Reden, der Bodensatz, der uns im Blick zurückblieb, das Pulsen des eigenen Blutes – dies vorher Unvermerkte macht – verstellt und überscharf – den Stoff zu Träumen. Im Traum kein Staunen und im Schmerze kein Vergessen, weil beide ihren Gegensatz schon in sich tragen, wie Wellenberg und Wellental bei Windstille ineinander gebettet liegen.

Bergab

Das Wort Erschütterung hat man bis zum Überdruß vernommen. Da darf wohl etwas zu seiner Ehre gesagt werden. Es wird sich keinen Augenblick vom Sinnlichen entfernen und sich vor allem an das Eine halten: daß Erschütterung zum Einsturz führt. Wollen die, die uns bei jeder Premiere oder jeder Neuerscheinung ihrer Erschütterung versichern, nun sagen, etwas in ihnen sei eingestürzt? Ach, die Phrase, die vorher feststand, steht auch nachher fest. Wie könnten sie sich auch die Pause gönnen, auf die allein der Einsturz folgen kann. Nie hat sie einer deutlicher gespürt als Marcel Proust beim Tode der Großmutter, der ihm erschütternd, aber gar nicht wirklich schien, bis ihm am Abend, da er sich die Schuhe auszieht, Tränen kommen. Warum? Weil er sich bückte. So ist der Körper gerad dem tiefen Schmerz Erwekker und kann es dem tiefen Denken nicht minder werden. Beides braucht Einsamkeit. Wer einmal einsam einen Berg erstieg, erschöpft da oben ankam, um sodann mit Schritten, welche seinen ganzen Körperbau erschüttern, sich bergab zu wenden, dem lockert sich die Zeit, die Scheidewände in seinem Innern stürzen ein und durch den Schotter der Augenblicke trollt er wie im Traum. Manchmal versucht er stehen zu bleiben und kann es nicht. Wer weiß, ob es Gedanken sind, was ihn erschüttert, oder der rauhe Weg? Sein Körper ist ein Kaleidoskop geworden, das ihm bei jedem Schritte wechselnde Figuren der Wahrheit vorführt.

Haschisch in Marseille

Vorbemerkung: Eines der ersten Zeichen, daß der Haschisch zu wirken beginnt, ›ist ein dumpfes Ahnungs- und Beklommenheitsgefühl; etwas Fremdes, Unentrinnbares naht ... Bilder und Bilderreihen, längst versunkene Erinnerungen treten auf, ganze Szenen und Situationen werden gegenwärtig, sie erregen zuerst Interesse, zuweilen Genuß, schließlich, wenn es kein Abwenden von ihnen gibt, Ermüdung und Pein. Von allem, was geschieht, auch von dem, was er sagt und tut, wird der Mensch überrascht und überwältigt. Sein Lachen, all seine Äußerungen stoßen ihm zu wie Geschehnisse von außen. Er gelangt auch zu Erlebnissen, die der Eingebung, der Erleuchtung nahekommen ... Der Raum kann sich weiten, der Boden abschüssig werden, atmosphärische Sensationen treten auf: Dunst, Undurchsichtigkeit, Schwere der Luft; Farben werden heller, leuchtender; Gegenstände schöner oder auch klobig und bedrohlich ... All dies vollzieht sich nicht in kontinuierlicher Entwicklung, vielmehr ist das Typische ein fortwährender Wechsel von traumhaftem und wachem Zustand, ein ständiges, schließlich erschöpfendes Hin- und Hergeworfenwerden zwischen völlig verschiedenen Bewußtseinswelten; mitten im Satz kann dieses Versinken oder Auftauchen erfolgen ... Von alledem berichtet uns der Berauschte in einer Form, die meist sehr erheblich von der Norm abweicht. Die Zusammenhänge werden wegen des oft plötzlichen Abreißens jeder Erinnerung an Vorhergegangenes schwierig, das Denken gestaltet sich nicht zum Wort, die Situation kann von so bezwingender Heiterkeit werden, daß der Haschischesser minutenlang zu nichts fähig ist als zum Lachen ... Die Erinnerung an den Rausch ist überraschend scharf.‹ – ›Es ist merkwürdig, daß die Haschischvergiftung bisher noch nicht experimentell bearbeitet wurde. Die vorzüglichste Schilderung des Haschisch-Rausches stammt von Baudelaire (Paradis artificiels).‹ Aus Joël und Fränkel: ›Der Haschisch-Rausch‹, Klinische Wochenschrift 1926, V, 37.

Marseille, 29. Juli. Um sieben Uhr abends nach langem Zögern Haschisch genommen. Ich war am Tage in Aix gewesen. Mit der unbedingten Gewißheit, in dieser Stadt von Hunderttausenden, wo niemand mich kennt, nicht gestört werden zu können, liege ich auf dem Bett. Und doch stört mich ein kleines Kind, das weint. Ich denke, es ist schon eine Dreiviertelstunde verstrichen. Aber nun sind es doch erst zwanzig Minuten ... So liege ich auf dem Bett; las und rauchte. Mir gegenüber immer dieser Blick in den ventre von

Marseille. Die Straße, die ich so oft sah, ist wie ein Schnitt, den ein Messer gezogen hat.

Ich verließ endlich das Hotel, mir schien die Wirkung auszubleiben oder so schwach werden zu sollen, daß die Vorsicht des Daheimbleibens unterlassen werden mochte. Erste Station das Café Ecke Cannebière und Cours Belsunce. Vom Hafen gesehen das rechte, also nicht mein gewöhnliches. Nun? Nur das gewisse Wohlwollen, die Erwartung, Leute einem freundlich entgegenkommen zu sehen. Das Gefühl der Einsamkeit verliert sich recht rasch. Mein Stock fängt an, mir besondere Freude zu machen. Man wird so zart: fürchtet, ein Schatten, der aufs Papier fällt, könnte ihm schaden. – Der Ekel schwindet. Man liest die Tafeln auf den Pissoirs. Ich würde mich nicht wundern, wenn der und der auf mich zukäme. Da sie es aber nicht tun, macht es mir auch nichts. Es ist mir hier jedoch zu laut.

Nun kommen die Zeit- und Raumansprüche zur Geltung, die der Haschischesser macht. Die sind ja bekanntlich absolut königlich. Versailles ist dem, der Haschisch gegessen hat, nicht zu groß, und die Ewigkeit dauert ihm nicht zu lange. Und auf dem Hintergrunde dieser immensen Dimensionen des inneren Erlebens, der absoluten Dauer und der unermeßlichen Raumwelt, verweilt nun ein wundervoller, seliger Humor desto lieber bei den Kontingenzen der Raum- und Zeitwelt. Ich empfinde diesen Humor unendlich, wenn ich im Restaurant Basso erfahre, die warme Küche würde gleich geschlossen, während ich mich eben niedergelassen habe, um mich in die Ewigkeit hineinzutafeln. Nachher nichtsdestoweniger das Gefühl, daß ja dies alles hell, besucht, belebt ist und auch bleiben wird. Ich muß notieren, wie ich meinen Platz fand. Mir kam es auf den Blick auf den vieux port an, den man von den oberen Etagen aus hat. Im Vorbeigehen, unten, erspähte ich einen freien Tisch auf den Balkons des zweiten Stockwerks. Schließlich kam ich doch nur bis zum ersten. Die meisten Tische am Fenster waren besetzt. Da ging ich auf einen ganz großen zu, der eben erst frei geworden war. Im Augenblick des Platznehmens aber schien mir das Mißverhältnis: mich an einem so großen Tisch zu placieren, so beschämend, daß ich quer durch das ganze Stockwerk auf das entgegengesetzte Ende zuging, um an einem kleineren Platz zu nehmen, der eben dort mir erst sichtbar geworden war.

Aber das Essen war später. Erst die kleine Bar am Hafen. Ich war schon grade wieder im Begriffe, ratlos kehrt zu machen, denn auch von dort schien ein Konzert, und zwar ein Bläserchor zu kommen. Gerade daß ich mir noch Rechenschaft davon geben konnte, das sei nichts anderes als das Geheul der Autohupen. Auf dem Wege zum vieux port schon diese wundervolle Leichtigkeit und Bestimmtheit im Schritt, die den steinigen, unartikulierten Erdboden des großen Platzes, über den ich ging, mir zum Boden einer Landstraße machte, über die ich, rüstiger Wanderer, bei Nacht dahinzog. Denn die Cannebière vermied ich um diese Zeit noch, meiner regulierenden Funktionen nicht ganz sicher. In jener kleinen Hafenbar begann dann der Haschisch seinen eigentlich kanonischen Zauber mit einer primitiven Schärfe spielen zu lassen, mit der ich ihn vordem wohl noch kaum erlebte. Nämlich er machte mich zum Physiognomiker, zumindest zum Betrachter von Physiognomien, und ich erlebte etwas in meiner Erfahrung ganz Einziges: ich verbiß mich förmlich in die Gesichter, die ich da um mich hatte und die zum Teil von remarkabler Roheit oder Häßlichkeit waren. Gesichter, die ich gemeinhin aus einem doppelten Grunde gemieden hätte: weder hätte ich gewünscht, ihre Blicke auf mich zu ziehen, noch hätte ich ihre Brutalität ertragen. Es war ein ziemlich weit vorgeschobener Posten, diese Hafenkneipe. (Ich glaube, der äußerste, der mir ohne Gefahr noch zugänglich war und den ich hier, im Rausche, mit derselben Sicherheit ermessen hatte, mit der man, tief ermüdet, ein Glas mit Wasser so genau randvoll und daß kein Tropfen überfließt, zu füllen weiß, wie man mit frischen Sinnen es niemals zustande bringt.) Immer noch weit genug entfernt von der Rue Bouterie, aber doch saß da kein Bourgeois; höchstens neben dem eigentlichen Hafenproletariat ein paar Kleinbürgerfamilien aus der Nachbarschaft. Ich begriff nun auf einmal, wie einem Maler – ist es nicht Rembrandt geschehen und vielen anderen? – die Häßlichkeit als das wahre Reservoir der Schönheit, besser als ihr Schatzbehalter, als das zerrissene Gebirge mit dem ganzen inwendigen Golde des Schönen, erscheinen konnte, das aus Falten, Blicken, Zügen herausblitzte. Besonders erinnere ich mich an ein grenzenlos tierisches und gemeines Männerantlitz, aus dem mich plötzlich die ›Falte des Verzichts‹ erschütternd traf. Männergesichter waren es vor allem, die es mir angetan hatten. Es fing nun das lang ausgehaltene Spiel an, daß in jedem Antlitz mir ein Bekannter auftauchte; oft wußte ich seinen Namen, oft wieder nicht; die Täuschung schwand, wie im Traume Täuschungen schwinden, nämlich nicht beschämt und kompromittiert, sondern friedlich und freundlich wie ein Wesen, das seine Schuldigkeit getan hat. Unter diesen Umständen konnte von Einsamkeit keine Rede mehr sein. War ich mir selbst Gesellschaft? Das wohl denn doch nicht so unverstellt. Ich weiß auch nicht, ob es mich dann so hätte beglücken können. Sondern wohl eher dieses: ich wurde mir selber der gewiegteste, zarteste, unverschämteste Kuppler und führte mir die Dinge mit der zweideutigen Sicherheit dessen zu, der die Wünsche seines Auftraggebers aus dem Grunde kennt und studiert hat. – Dann begann es eine halbe Ewigkeit zu dauern, bis der Kellner wieder erschien. Vielmehr ich konnte sein Erscheinen nicht abwarten. Ich trat in den Barraum ein und bezahlte am Tisch. Ob in solcher Kneipe Trinkgeld üblich, weiß ich nicht. Sonst aber hätte ich in jedem Fall etwas gegeben. Im Haschisch, gestern, war ich eher knauserig; aus Furcht, durch Extravaganzen aufzufallen, machte ich mich erst recht auffällig.

So auch bei Basso. Erst ließ ich ein Dutzend Austern kommen. Der Mann wollte auch den folgenden Gang gleich bestellt wissen. Ich bezeichnete irgend etwas Landläufiges. Er kam nun mit der Nachricht, das sei nicht mehr da. Da strich ich auf der Karte in der Nähe dieser Speise herum, schien eins nach dem anderen bestellen zu wollen, dann fiel mir der Name des Darüberstehenden ins Auge und so fort, bis ich endlich beim Obersten angelangt war. Das war aber nicht nur Verfressenheit, sondern eine ganz ausgesprochene Höflichkeit gegen die Speisen, die ich nicht durch eine Ablehnung beleidigen wollte. Kurz, ich blieb an einem pâté de Lyon hängen. Löwenpastete, dachte ich witzig lachend, als es sauber auf einem Teller vor mir lag, und dann verächtlich: Dies zarte Hasen- oder Hühnchenfleisch – was es nun sein mag. Meinem Löwenhunger wäre es nicht unangemessen erschienen, sich an einem Löwen zu sättigen. Im übrigen stand mir im stillen fest, ich würde, sowie ich bei Basso fertig sei (das war gegen halb elf), woandershin gehen und ein zweites Mal zu Abend essen.

Erst aber noch der Gang zu Basso. Ich strich am Kai entlang und las einen nach dem anderen die Namen der Boote, die dort festgemacht waren. Dabei überkam mich eine unbegreifliche Fröhlichkeit, und ich lächelte der Reihe nach allen Vornamen Frankreichs ins Gesicht. Mir schien die Liebe, die diesen Booten mit ihrem Namen versprochen war, wunderbar schön und rührend. Nur an einem ›Aero II‹, das mich an Luftkrieg erinnerte, ging ich unleutselig vorüber, genau wie ich zuletzt auch in der Bar, aus welcher ich gekommen war, über gewisse, allzu entstellte Mienen mit den Blicken hatte hinweggehen müssen.

Oben bei Basso begannen dann, wenn ich hinunter sah, die alten Spiele. Der Platz vorm Hafen war meine Palette, auf der die Phantasie die Ortsgegebenheiten mischte, so und anders probierte ohne Rechenschaft von sich zu fordern, so wie ein Maler, der auf der Palette träumt. Ich zögerte, dem Wein zuzusprechen. Es war eine halbe Flasche Cassis. Ein Stück Eis schwamm im Glase. Doch vertrug er sich trefflich mit meiner Droge. Ich hatte meinen Platz der geöffneten Scheibe wegen gewählt, durch die ich auf den dunklen Platz hinunterblicken konnte. Und wenn ich dies nun hin und wieder tat, bemerkte ich, daß er die Neigung hatte, mit jedem, der ihn betrat, sich zu verändern, gleich als bilde er ihm eine Figur, die, wohlverstanden, nichts mit dem zu tun hat, wie er ihn sieht, sondern eher mit dem Blick, welchen die großen Porträtisten des siebzehnten Jahrhunderts je nach dem Charakter der Standesperson, die sie vor eine Säulengalerie oder ein Fenster stellen, aus dieser Galerie, diesem Fenster herausheben. Später notierte ich im Herunterschauen: ›Von Jahrhundert zu Jahrhundert werden die Dinge fremder.‹

Ich muß hier dies allgemein anmerken: Die Einsamkeit solchen Rausches hat ihre Schattenseiten. Nur vom Physischen zu sprechen, so gab es einen Augenblick dort in der Hafenkneipe, wo ein heftiger Druck aufs Zwerchfell sich Erleichterung in einem Summen suchte. Und kein Zweifel, daß wirklich Schönes, Einleuchtendes unerweckt bleibt. Aber andererseits wirkt Einsamkeit dann wieder als ein Filter. Was man am nächsten Tage niederschreibt, ist mehr als eine Aufzählung von Impressionen; der Rausch setzt sich in der Nacht mit schönen prismatischen Rändern gegen den Alltag ab; er bildet eine Art Figur und ist andenklicher. Ich möchte sagen: er schrumpft und bildet eine Blumenform.

Man müßte, um den Rätseln des Rauschglücks näher zu kommen, über den Ariadne-Faden nachdenken. Welche Lust in dem bloßen Akt, einen Knäuel abzurollen. Und diese Lust ganz tief verwandt mit der Rauschlust wie mit der Schaffenslust. Wir gehen vorwärts; wir entdecken dabei aber nicht nur die Windungen der Höhle, in die wir uns vorwagen, sondern genießen dieses Entdeckerglück nur auf dem Grunde jener anderen rhythmischen Seligkeit, die da im Abspulen eines Knäuels besteht. Eine solche Gewißheit vom kunstreich gewundenen Knäuel, das wir abspulen – ist das nicht das Glück jeder, zumindest prosaförmigen, Produktivität? Und im Haschisch sind wir genießende Prosawesen höchster Potenz.

An ein sehr versunkenes Glücksempfinden, das nachher

auf einem Seitenplatz der Cannebière auftrat, wo die Rue Paradis in Anlagen mündet, ist schwerer heranzukommen als an alles bisherige. Ich finde glücklicherweise auf meiner Zeitung den Satz: ›Mit dem Löffel muß man das Gleiche aus der Wirklichkeit schöpfen.‹ Mehrere Wochen vorher hatte ich einen anderen von Johannes V. Jensen notiert, der scheinbar Ähnliches sagte: ›Richard war ein junger Mann, der Sinn für alles Gleichartige in der Welt hatte.‹ Dieser Satz hatte mir sehr gefallen. Er ermöglicht mir jetzt, den politisch-rationalen Sinn, den er für mich besaß, mit dem individuell-magischen meiner gestrigen Erfahrung zu konfrontieren. Während der Satz bei Jensen für mich darauf hinauskam, daß die Dinge so sind, wie wir ja wissen, durchtechnisiert, rationalisiert, und das Besondere steckt heute nur noch in Nüancen, war die neue Einsicht durchaus anders. Ich sah nämlich nur Nüancen: diese jedoch waren gleich. Ich vertiefte mich in das Pflaster vor mir, das durch eine Art Salbe, mit der ich gleichsam darüber hinfuhr, als eben dieses Selbe und Nämliche auch das Pariser Pflaster sein konnte. Man redet oft davon: Steine für Brot. Hier diese Steine waren das Brot meiner Phantasie, die plötzlich heißhungrig darauf geworden war, das Gleiche aller Orte und Länder zu kosten. Und dennoch dachte ich mit ungeheurem Stolz daran, hier in Marseille im Haschischrausche zu sitzen; wer hier wohl noch meinen Rausch teile, an diesem Abend, wie wenige. Wie ich nicht fähig sei, kommendes Unglück, kommende Einsamkeit zu fürchten, immer bliebe der Haschisch. In diesem Stadium spielte die Musik von einem Nachtlokal, das nebenan lag und welcher ich gefolgt war, eine Rolle. G. fuhr in einer Droschke an mir vorüber. Es war ein Husch, genau wie vorher aus dem Schatten der Boote sich plötzlich in Gestalt eines Hafenbummlers und Gelegenheitsmachers U. gelöst hatte. Aber es gab nicht nur Bekannte. Hier im Stadium der tiefen Versunkenheit zogen zwei Figuren – Spießer, Strolche, was weiß ich – als ›Dante und Petrarca‹ an mir vorüber. ›Alle Menschen sind Brüder.‹ So begann eine Gedankenkette, die ich nicht mehr zu verfolgen weiß. Aber ihr letztes Glied war bestimmt viel unbanaler geformt als ihr erstes und führte vielleicht auf Tierbilder hinaus.

›Barnabe‹ stand auf einer Elektrischen, die vor dem Platze, an dem ich saß, kurz hielt. Und mir schien die traurig-wüste Geschichte von Barnabas kein schlechtes Fahrtziel für eine Tram ins Weichbild von Marseille. Sehr schön war, was sich um die Tür des Tanzlokals herum begab. Ab und zu trat ein Chinese in blauseidenen Hosen und rosa leuchtender Seidenjacke heraus. Das war der Türsteher. Mädchen machten sich in der Öffnung sichtbar. Ich war sehr wunschlos gestimmt. Lustig war es, einen jungen Mann mit einem Mädchen in weißem Kleide daherkommen zu sehen und sofort denken zu müssen: ›Da ist sie ihm nun von drinnen im Hemde entflohen, und er holt sie sich wieder zurück. Na ja.‹ Es schmeichelte mir der Gedanke, hier in einem Zentrum aller Ausschweifung zu sitzen, und mit ›hier‹ war nicht etwa die Stadt, sondern der kleine, nicht sehr ereignisreiche Fleck gemeint, auf dem ich mich befand. Aber die Ereignisse kamen eben so zustande, daß die Erscheinung mich mit einem Zauberstab berührte und ich in einen Traum von ihr versank. Die Menschen und Dinge verhalten sich in solchen Stunden wie jene Holundermark-Requisiten und Holundermark-Männchen im verglasten Stanniolkasten, die durch das Reiben des Glases elektrisch geworden sind und nun bei jeder Bewegung in die ungewöhnlichste Beziehung zueinander treten müssen.

Die Musik, die inzwischen immer wieder aufklang und abnahm, nannte ich die strohernen Ruten des Jazz. Ich habe vergessen, mit welcher Begründung ich mir gestattete, ihren Takt mit dem Fuß zu markieren. Das geht gegen meine Erziehung, und es geschah nicht ohne eine inwendige Auseinandersetzung. Es gab Zeiten, in denen die Intensität der akustischen Eindrücke alle anderen verdrängte. Vor allem in der kleinen Bar ging plötzlich alles, und zwar im Lärm von Stimmen, nicht von Straßen, unter. An diesem Stimmenlärm war nun das Eigentümlichste, daß er ganz und gar nach Dialekt klang. Die Marseiller sprachen mir plötzlich sozusagen nicht gut genug Französisch. Sie waren auf der Dialektstufe stehen geblieben. Das Entfremdungsphänomen, das hierin liegen mag und das Kraus mit dem schönen Wort formuliert hat: ›Je näher man ein Wort ansieht, desto ferner blickt es zurück‹, scheint auch aufs Optische sich zu erstrecken. Jedenfalls finde ich unter meinen Aufzeichnungen die verwunderte Notiz: ›Wie die Dinge den Blicken standhalten.‹

Es klang dann ab, als ich über die Cannebière ging und endlich einbog, um in einem kleinen Café des Cours Belsunce noch etwas Eis zu essen. Das war nicht weit von dem andern, ersten Café des Abends, in dem plötzlich das Liebesglück, mit welchem die Betrachtung einiger im Wind gewellter Fransen mich beschenkte, mich davon überzeugte, daß der Haschisch ans Werk gegangen sei. Und wenn ich dieses Zustands mich erinnere, möchte ich glauben, daß der Haschisch die Natur zu überreden weiß, jene Verschwendung des eigenen Daseins, das die Liebe kennt, uns – minder eigennützig – freizugeben. Wenn nämlich in den Zeiten, da wir lieben, unser Dasein der Natur wie goldene Münzen durch die Finger geht, die sie nicht halten kann und fahren läßt, um so das Neugeborene zu erhandeln, so wirft sie nun, ohne irgend etwas zu hoffen oder erwarten zu dürfen, uns mit vollen Händen dem Dasein hin.

In der Sonne

Siebzehn Arten von Feigen gibt es, wie es heißt, auf der Insel. Ihre Namen – sagt sich der Mann, der in der Sonne seinen Weg macht – müßte man kennen. Ja man müßte die Gräser und die Tiere nicht allein gesehen haben, die der Insel Gesicht, Laut und Geruch geben, die Schichtungen des Gebirges und die Arten des Bodens, der vom staubigen Gelb bis zum violetten Braun geht, mit den breiten Zinnoberflächen dazwischen – sondern vor allem ihren Namen müßte man wissen. Ist nicht jeder Erdstrich Gesetz einer nie wiederkehrenden Begegnung von Gewächsen und Tieren und also jede Ortsbezeichnung eine Chiffre, hinter welcher Flora und Fauna ein erstes und ein letztes Mal aufeinandertreffen? Aber der Bauer hat ja den Schlüssel der Chiffreschrift. Er kennt die Namen. Dennoch ist es ihm nicht gegeben, über seinen Sitz etwas auszusagen. Sollten die Namen ihn wortkarg machen? Dann fällt die Fülle des Worts nur dem zu, der das Wissen ohne die Namen hat, die Fülle des Schweigens aber dem, der nichts hat als sie?

Gewiß stammt der, der so im Gehen vor sich hin sinnt, nicht von hier, und kamen ihm daheim Gedanken unter freiem Himmel, so war es Nacht. Nur mit Befremden ruft er sich ins Gedächtnis, daß ganze Völker – Juden, Inder, Mauren – ihr Lehrgebäude unter einer Sonne sich errichtet haben, die ihm das Denken zu wehren scheint. Diese Sonne steht sengend in seinem Rücken. Harz und Thymian schwängern die Luft, in der er, atemholend, zu ersticken glaubt. Eine Hummel schlägt an sein Ohr. Noch hat er ihre Nähe kaum erfaßt, da hat der Strudel der Stille sie schon wieder fortgezogen. Die achtlos preisgegebene Botschaft vieler Sommer – zum erstenmal stand sein Ohr ihr offen, und da brach sie ab. Der fast verwischte Pfad wird breiter; Spuren führen auf einen Meiler. Dahinter duckt im Dunst sich das Gebirge, nach dem die Blicke des Steigenden Ausschau hielten.

Auf seiner Wange wird etwas Kaltes spürbar. Er hält es für eine Fliege und schlägt danach. Aber es ist nur der erste Schweißtropfen. Bald kommt der Durst. Er kommt nicht aus dem Gaumen, sondern aus dem Bauch. Von dort verbreitet er sich überall, den Leib, so groß er ist, in dem Vermögen unterweisend, den kümmerlichsten Hauch aus allen Poren einzusaugen und zu trinken. Das Hemd ist längst von seiner Schulter abgeglitten, und wenn er, um sie vor dem Sonnenbrand zu schützen, es an sich zieht, ist ihm, als ob er einen nassen Umhang handhabt. In eine Senkung werfen Mandelbäume ihren

Schatten dem Stamm zu Füßen. Mandeln sind der Reichtum des Landes. Keine Frucht erhält der Bauer besser bezahlt. Um diese Zeit ist es die einzig reife und angenehm im Schreiten, nach den Zweigen auszugreifen. Die Hand trennt sich nur schwer auch von entkernten Schalen. Sie führt sie eine Zeitlang mit, läßt sie in einer Strömung treiben, die sie selbst dahin reißt. Reif sind die Kerne, doch nicht ganz; der Saft in ihnen ist frischer als nachher, wenn ihre Haut braun und nicht mehr zu lockern ist. Jetzt hat sie noch die Farbe des Elfenbeins, wie die Ziegenkäse und Frauenmieder. Elfenbeinern ist ihr Geschmack. Wer sie zwischen den Zähnen hat, hört ungerührt im Laub der Feigenbäume Quellen rauschen. Die Feigen aber stecken, grün und hart, kaum sichtbar, in den Blattachseln. Der Augenblick ist gekommen, da nur die Bäume zu leben scheinen. In den Pinien klirren Zikaden; ihr Lärm klingt aus den staubigen Feldern wider. Die liegen nun abgeerntet mit dem plumpen Ausdruck derer, die alles weggegeben haben. Ihre letzte Habe, der Schatten, schrumpft, eingesammelt, am Fuße der hohen Mieten. Denn es ist die Stunde der Sammlung.

Die Wälder selber liegen um die Kuppen, als hätte die Harke des Sommers sie eingebracht. Nur Weiden stehen vereinzelt in den Stoppeln, und ihr Laub glänzt schwarz und weißlich wie Tulasilber. Keins ist bewimpelter und dennoch spröder, reicher an Winken, die kaum mehr vernommen werden. Dennoch trifft ihrer einer den Vorübergehenden. Der Tag, da er mit einem Baum gefühlt hat, kommt ihm in den Sinn. Damals bedurfte es nur derer, die er liebte – sie stand, um ihn recht unbekümmert, auf dem Rasen – und seiner Trauer oder seiner Müdigkeit. Da lehnte er den Rücken gegen einen Stamm, und nun nahm der sein Fühlen in die Lehre. Er lernte mit ihm, wenn er zu schwanken anfing, Luft zu schöpfen und auszuatmen, wenn der Stamm zurückschwang. Freilich war das nur der gepflegte von einem Zierbaum und unausdenkbar das Leben dessen, der von diesem rissigen lernen könnte, der, weitgespalten, dreifach überm

Boden auslädt und eine unerforschte Welt begründet, die in drei Himmelsrichtungen sich aufteilt. Kein Pfad erschließt sie. Doch während er unschlüssig einem folgt, der jeden Augenblick ihn zu verraten droht, bald Miene macht als Feldweg auszulaufen, bald vor einem Dornverhau abzubrechen, hat er als Mann sich wieder in der Hand, wenn sich die Quadern zu Terrassen stufen und Wagenspuren, darin eingedrückt, auf eine Hofstatt in der Nähe deuten.

Kein Laut macht die Nachbarschaft solcher Siedlungen kenntlich. In ihrem Umkreis scheint die Mittagsstille verdoppelt. Aber nun lichten sich die Felder, treten, um einer zweiten, einer dritten Bahn die Gegend freizugeben, auseinander, und während längst die Mauern und die Tennen sich hinter Kuppen Landes oder Laubes verborgen haben, eröffnet in der Verlassenheit der Äcker sich der Kreuzweg, welcher die Mitte stiftet. Nicht Chausseen und Poststraßen sind es, die sie heraufführen, aber auch nicht Schneisen und Wildpfade, sondern da ist ihr Ort, wo im offenen Land sich die Wege begegnen, auf denen seit Jahrhunderten Bauern und ihre Frauen, Kinder und Herden von Feld zu Feld, von Haus zu Haus, von Weideplatz zu Weideplatz sind unterwegs gewesen und selten so, daß sie am gleichen Tag nicht wieder unter ihrem Dach geschlafen hatten. Der Boden hier klingt hohl, der Laut, mit welchem er dem Tritt erwidert, tut dem wohl, der unterwegs ist. Mit diesem Klange legt ihm die Einsamkeit das Land zu Füßen. Wenn er an Stellen, die ihm gut sind, kommt, weiß er, sie ist es, welche sie ihm angewiesen hat; sie hat ihm diesen Stein zum Sitz, diese Mulde zum Nest für seine Glieder angewiesen. Aber er ist schon zu müde, um inne zu halten, und während er die Gewalt über seine Füße verliert, die ihn viel zu schnell tragen, gewahrt er, wie sich seine Phantasie von ihm gelöst hat und, gegen jenen breiten Hang gelehnt, der in der Ferne seinen Weg begleitet, nach eignem Sinn auf ihm zu schalten anfängt. Verrückt sie Felsen und Kuppen? Oder berührt sie sie nur wie mit einem Anhauch? Läßt sie keinen Stein auf dem andern oder alles beim alten?

Es gibt bei den Chassidim einen Spruch von der kommenden Welt, der besagt: es wird dort alles eingerichtet sein wie bei uns. Wie unsre Stube jetzt ist, so wird sie auch in der kommenden Welt sein; wo unser Kind jetzt schläft, da wird es auch in der kommenden Welt schlafen. Was wir in dieser Welt am Leibe tragen, das werden wir auch in der kommenden Welt anhaben. Alles wird sein wie hier – nur ein klein wenig anders. So hält es die Phantasie. Es ist nur ein Schleier, den sie über die Ferne zieht. Alles mag da stehen wie es stand, aber der Schleier wallt, und unmerklich verschiebt sich's darunter.

Es ist ein Wechseln und Vertauschen; nichts bleibt und nichts verschwindet. Aus diesem Weben aber lösen mit einmal sich Namen, wortlos treten sie in den Schreitenden ein, und während seine Lippen sie formen, erkennt er sie. Sie tauchen auf, und was bedarf es länger dieser Landschaft? Auf jeder namenlosen Ferne drüben ziehen sie vorüber, ohne eine Spur zu hinterlassen. Namen der Inseln, die dem ersten Anblick wie Marmorgruppen aus dem Meer sich hoben, der Schroffen, die den Horizont schartig machten, der Sterne, die im Boot ihn überraschten, wenn sie im frühen Dunkel auf Posten treten. Das Schwirren der Zikaden ist verstummt, der Durst vergangen, der Tag verpraßt. Von unten aus der Tiefe schlägt es an. Ein Hundebellen, ein Steinfall oder ein ferner Zuruf? Während der Lauschende es noch zu sondern trachtet, sammelt sich Ton für Ton in seinem Innern die Glockentraube. Nun reift und schwillt sie in seinem Blut. Lilien blühen im Winkel der Kaktushecke. In der Ferne zieht auf den Feldern zwischen Oliven- und Mandelbäumen ein Wagen vorüber, aber geräuschlos, und wenn die Räder hinterm Laub verschwinden, so scheinen überlebensgroße Frauen, mit dem Gesicht ihm zugewandt, reglos durch das reglose Land zu wallen.

Kurze Schatten (II)

Geheimzeichen. Man überliefert mündlich ein Wort von Schuler. In jeder Erkenntnis müsse, so sagte er, ein Quentchen Widersinn enthalten sein, wie die antiken Teppichmuster oder Ornamentfriese von ihrem regelmäßigen Verlauf immer irgendwo eine geringfügige Abweichung erkennen ließen. Mit andern Worten: Nicht der Fortgang von Erkenntnis zu Erkenntnis ist entscheidend, sondern der Sprung in jeder einzelnen Erkenntnis selbst. Er ist die unscheinbare Echtheitsmarke, die sie von aller Serienware unterscheidet, die nach Schablone angefertigt ist.

Ein Wort von Casanova. ›Sie wußte‹, sagt Casanova von einer Kupplerin, ›daß ich nicht die Kraft haben würde, zu gehen, ohne ihr etwas zu geben.‹ Seltsames Wort. Welch einer Kraft bedurfte es, die Kupplerin um ihren Lohn zu prellen? Oder, genauer, welche Schwäche ist es, auf welche sie sich stets verlassen kann? Es ist die Scham. Die Kupplerin ist käuflich; nicht die Scham des Kunden, welcher sie bemüht. Der sucht, von ihr erfüllt, sich ein Versteck und findet das verborgenste: im Gelde. Die Frechheit wirft die erste Münze auf den Tisch; die Scham zahlt hundert drauf, sie zu bedecken.

Der Baum und die Sprache. Ich stieg eine Böschung hinan und legte mich unter einen Baum. Der Baum war eine Pappel oder eine Erle. Warum ich seine Gattung nicht behalten habe? Weil, während ich ins Laubwerk sah und seiner Bewegung folgte, mit einmal in mir die Sprache dergestalt von ihm ergriffen wurde, daß sie augenblicklich die uralte Vermählung mit dem Baum in meinem Beisein noch einmal vollzog. Die Äste und mit ihnen auch der Wipfel wogen sich erwägend oder bogen sich ablehnend; die Zweige zeigten sich zuneigend oder hochfahrend; das Laub sträubte sich gegen einen rauhen Luftzug, erschauerte vor ihm oder kam ihm entgegen; der Stamm verfügte über seinen guten Grund, auf dem er fußte; und ein Blatt warf seinen Schatten auf das andre. Ein leiser Wind spielte zur Hochzeit auf und trug alsbald die schnell entsprossenen Kinder dieses Betts als Bilderrede unter alle Welt.

Das Spiel. Das Spiel, wie jede andre Leidenschaft, gibt sein Gesicht darinnen zu erkennen, wie der Funke im leiblichen Bereich von einem Zentrum zum andern überspringt, bald dies bald jenes Organ mobil macht und in ihm das ganze Dasein sammelt und begrenzt. Da ist die Frist, welche der Rechten eingeräumt ist, eh das Kügelchen ins Fach gefallen ist. Sie streicht gleich einem Flugzeug über die Kolonnen, die Saaten der Jetons in ihren Furchen verbreitend. Diese Frist ankündigend, der Augenblick, der einzig dem Ohr vorbehalten ist, in dem die Kugel den Wirbel eben antritt und der Spieler lauscht, wie Fortuna ihre Bässe stimmt. Im Spiel, das sich an alle Sinne wendet, den atavistischen der Hellsicht nicht ausgeschlossen, kommt auch die Reihe an das Auge. Alle Zahlen blinzeln ihm zu. Weil es jedoch die Sprache der Winke am entschiedensten verlernt hat, so führt es die, die ihm vertrauen, am meisten in die Irre. Dafür sind freilich sie es, die dem Spiel die tiefste Devotion bezeigen dürfen. Noch eine Weile bleibt der Einsatz, der verloren ist, vor ihnen liegen. Das Reglement hält sie zurück. Allein nicht anders als einen Liebenden die Ungunst der von ihm Verehrten. Deren Hand sieht er in dem Bereich der seinen; dennoch wird er nichts unternehmen, sie zu fassen. Das Spiel hat leidenschaftlich ihm Ergebene, die es um seiner selbst und keineswegs um dessentwillen lieben, was es gibt. Ja wenn es ihnen alles nimmt, so suchen sie bei sich selbst die Schuld. Sie sagen dann: »Ich habe schlecht gespielt.« Und diese Liebe trägt in solchem Maß den Lohn für ihren Eifer in sich selbst, daß die Verluste lieblich sind, nur weil sie mit ihnen ihren Opfermut beweisen. So ein untadeliger Kavalier des Glücks ist der Fürst von Ligne gewesen, der in den Jahren nach Napoleons Sturz in den Pariser Klubs zu sehen und berühmt der Haltung wegen war, mit welcher er die außerordentlichsten Verluste hinnahm. Sie war tagaus, tagein die nämliche. Die rechte Hand, die immerfort die großen Einsätze auf den Tisch geworfen hatte, hing schlaff herab. Die Linke aber lag unbeweglich, waagerecht, in die Weste hineingeschoben, auf der rechten Brust. Später, durch seinen Kammerdiener, wurde laut, daß diese Brust drei Narben aufwies – den genauen Abdruck der Nägel der drei Finger, welche dort immer so regungslos gelegen hatten.

Die Ferne und die Bilder. Ob sich nicht das Gefallen an der Bilderwelt aus einem düstern Trotz gegen das Wissen nährt? Ich sehe in die Landschaft hinaus: Da liegt das Meer in seiner Bucht spiegelglatt; Wälder ziehen als unbewegliche, stumme Masse an der Kuppe des Berges herauf; droben verfallene Schloßruinen, wie sie schon vor Jahrhunderten gestanden haben; der Himmel strahlt wolkenlos, in ewiger Bläue. So will der Träumer es. Daß dieses Meer in Milliarden und aber Milliarden Wellen sich hebt und senkt, die Wälder von den Wurzeln bis ins letzte Blatt mit jedem neuen Augenblick erzittern, in den Steinen der Schloßruine ein ununterbrochenes Stürzen und Rieseln waltet, im Himmel Gase, ehe sie Wolken bilden, unsichtbar streitend durcheinanderwallen – das alles muß er vergessen, um den Bildern sich zu überlassen. An ihnen hat er Ruhe, Ewigkeit. Jede Vogelschwinge, die ihn streift, jeder Windstoß, der ihn durchschauert, jede Nähe, die ihn trifft, straft ihn Lügen. Aber jede Ferne baut seinen Traum wieder auf, an jede Wolkenwand steht er gelehnt, an jedem erleuchteten Fenster entglimmt er von neuem. Und am vollkommensten erscheint er, wenn es ihm gelingt, der Bewegung selber ihren Stachel zu nehmen, den Windstoß in ein Rauschen und das Huschen der Vögel in den Vogelzug zu wandeln. So der Natur im Rahmen abgeblaßter Bilder Einhalt zu gebieten, ist die Lust des Träumers. Sie unter neuem Anruf in Bann zu schlagen die Gabe der Dichter.

Spurlos wohnen. Betritt einer das bürgerliche Zimmer der achtziger Jahre, so ist bei aller ›Gemütlichkeit‹, welche es vielleicht ausstrahlt, der Eindruck ›Hier hast du nichts zu suchen‹ der stärkste. Hier hast du nichts zu suchen – denn hier ist kein Fleck, auf dem nicht der Bewohner seine Spur schon hinterlassen hätte: auf den Gesimsen durch die Nippsachen, auf den Polstersesseln durch Deckchen mit dem Monogramm, vor den Fensterscheiben durch Transparente und vor dem Kamin durch einen Ofenschirm. Ein schönes Wort von Brecht hilft von hier fort; weit fort. ›Verwische die Spuren!‹ Hier, im bürgerlichen Zimmer, ist das entgegengesetzte Verhalten zur Gewohnheit geworden. Und umgekehrt nötigt das Interieur seine Bewohner, sich ein Höchstmaß von Gewohnheiten zuzulegen. Sie sind im Bilde des ›möblierten Herrn‹ versammelt, wie er den Wirtinnen vor Augen steht. Das Wohnen war in diesen Plüschgelassen nichts andres als das Nachziehen einer Spur, die von Gewohnheiten gestiftet wurde. Sogar der Zorn, der beim geringsten Schaden dort die Geschädigte befiel, war vielleicht nur die Reaktion des Menschen, welchem man ›die Spur von seinen Erdetagen‹ ausgewischt hat. Die Spur, die er auf Polstern und in Sesseln, die seine Anverwandten in den Photos, die seine Habe in Futteralen und Etuis zurückgelassen hatte und die diese Räume manchmal so übervölkert scheinen ließen wie die Urnenhallen. Das haben nun die neuen Architekten mit ihrem Glas und ihrem Stahl erreicht: Sie schufen Räume, in denen es nicht leicht ist, eine Spur zu hinterlassen. ›Nach dem Gesagten‹, schrieb bereits vor zwanzig Jahren Scheerbart, ›können wir wohl von einer ‚Glaskultur' sprechen. Das neue Glas-Milieu wird den Menschen vollkommen umwandeln. Und es ist nun nur zu wünschen, daß die neue Glaskultur nicht allzu viele Gegner findet.‹

Kurze Schatten. Wenn es gegen Mittag geht, sind die Schatten nur noch die schwarzen, scharfen Ränder am Fuß der Dinge und in Bereitschaft, lautlos, unversehens, in ihren Bau, in ihr

Geheimnis sich zurückzuziehen. Dann ist, in ihrer gedrängten, geduckten Fülle, die Stunde Zarathustras gekommen, des Denkers im ›Lebensmittag‹, im ›Sommergarten‹. Denn die Erkenntnis umreißt wie die Sonne auf der Höhe ihrer Bahn die Dinge am strengsten.

Denkbilder

Zum Tode eines Alten

Der Verlust, mit dem er einen viel Jüngeren betreffen mag, lenkt dessen Blick vielleicht zum erstenmal auf das, was zwischen Menschen, die ein sehr großer Altersspielraum trennt und trotzdem Zuneigung verbindet, walten kann. Der Tote gab einen Partner ab, mit dem man sicher das Meiste, Wichtigste, was einen anging, nicht berühren konnte. Dafür war das Gespräch mit ihm erfüllt von einer Frische und von einem Frieden wie niemals mit einem Gleichaltrigen. Das hatte aber zweierlei Ursachen. Einmal war jede, auch die unscheinbarste Bestätigung, die beide über die Kluft von Generationen hinweg an einander gewannen, viel zwingender als die durch ihresgleichen. Dann aber fand der Jüngere, was später, wenn ihn die Alten erst verlassen haben, ganz verschwindet, bis er selber alt geworden ist: Zwiesprache, welcher jeglicher Kalkül und jede äußere Rücksicht völlig fernbleibt, weil keiner vom andern etwas zu erwarten hat, keiner auf andere Gefühle stößt als jenes seltene: Wohlwollen ohne jeden Beisatz.

Der gute Schriftsteller

Der gute Schriftsteller sagt nicht mehr, als er denkt. Und darauf kommt viel an. Das Sagen ist nämlich nicht nur der Ausdruck, sondern die Realisierung des Denkens. So ist das Gehen nicht nur der Ausdruck des Wunsches, ein Ziel zu erreichen, sondern seine Realisierung. Von welcher Art aber die Realisierung ist: ob sie dem Ziel präzis gerecht wird oder sich geil und unscharf an den Wunsch verliert – das hängt vom Training dessen ab, der unterwegs ist. Je mehr er sich in Zucht hat und die überflüssigen, ausfahrenden und schlenkernden Bewegungen vermeidet, desto mehr tut jede Körperhaltung sich selbst genug, und desto sachgemäßer ist ihr Einsatz. Dem schlechten Schriftsteller fällt vieles ein, worin er sich so auslebt wie der schlechte und ungeschulte Läufer in den schlaffen und schwungvollen Bewegungen der Glieder. Doch eben darum kann er niemals nüchtern das sagen, was er denkt. Es ist die Gabe des guten Schriftstellers, das Schauspiel, das ein geistvoll durchtrainierter Körper bietet, mit seinem Stil dem Denken zu gewähren. Er sagt nie mehr, als er gedacht hat. So kommt sein Schreiben nicht ihm selber, sondern allein dem, was er sagen will, zugute.

Traum

O…s zeigten mir ihr Haus in Niederländisch-Indien. Das Zimmer, in dem ich mich befand, war mit dunklem Holz getäfelt und erweckte den Eindruck von Wohlstand. Aber das sei noch wenig, sagten meine Führer. Was ich bewundern müsse, sei die Aussicht im Obergeschoß. Ich dachte an den Blick über das weite Meer, das nahebei lag, und so stieg ich die Treppe hinauf. Oben angekommen stand ich vor einem Fenster. Ich blickte hinab. Da lag vor meinen Augen eben dieses warme, getäfelte und anheimelnde Zimmer, das ich im Augenblick verlassen hatte.

Erzählung und Heilung

Das Kind ist krank. Die Mutter bringt's zu Bett und setzt sich zu ihm. Und dann beginnt sie, ihm Geschichten zu erzählen. Wie ist das zu verstehen? Ich ahnte es, als N. mir von der sonderbaren Heilkraft sprach, die in den Händen seiner Frau gelegen habe. Von diesen Händen aber sagte er: »Ihre Bewegungen waren höchst ausdrucksvoll. Doch hätte man ihren Ausdruck nicht beschreiben können ... Es war, als ob sie eine Geschichte erzählten.« Die Heilung durch Erzählen kennen wir schon aus den Merseburger Zaubersprüchen. Es ist ja nicht nur, daß sie Odins Formel wiederholen; vielmehr erzählen sie den Sachverhalt, auf Grund von dem er sie zuerst benutzte. Auch weiß man ja, wie die Erzählung, die der Kranke am Beginn der Behandlung dem Arzte macht, zum Anfang eines Heilprozesses werden kann. Und so entsteht die Frage, ob nicht die Erzählung das rechte Klima und die günstigste Bedingung manch einer Heilung bilden mag. Ja ob nicht jede Krankheit heilbar wäre, wenn sie nur weit genug – bis an die Mündung – sich auf dem Strome des Erzählens verflößen ließe? Bedenkt man, wie der Schmerz ein Staudamm ist, der der Erzählungsströmung widersteht, so sieht man klar, daß er durchbrochen wird, wo ihr Gefälle stark genug wird, alles, was sie auf diesem Wege trifft, ins Meer glücklicher Vergessenheit zu schwemmen. Das Streicheln zeichnet diesem Strom ein Bett.

Traum

Berlin; ich saß in einer Kutsche in höchst zweideutiger Mädchengesellschaft. Plötzlich verfinsterte sich der Himmel. »Sodom«, sagte eine Dame gesetzten Alters in einem Kapotthütchen, die plötzlich auch im Wagen war. So gelangten wir ins Weichbild eines Bahnhofes, wo die Gleise nach außen austraten. Hier fand zunächst eine Gerichtssitzung statt, wobei die beiden Parteien an zwei Straßenecken, auf dem bloßen Pflaster, sich gegenübersaßen. Ich bezog mich auf den übergroßen entfärbten Mond, der niedrig am Himmel hervortrat, als auf ein Sinnbild der Gerechtigkeit. Dann war ich bei einer kleinen Expedition, die auf einer Rampe, wie Güterbahnhöfe sie haben (und ich war und blieb nun im Weichbild des Bahnhofes), sich abwärts begab. Vor einem ganz schmalen Rinnsal machte man halt. Das Rinnsal floß zwischen zwei Bändern konvexer Porzellanplatten hin, die aber mehr schwammen als Festland waren und wie Bojen unter dem Fuße nachgaben. Ob die zweiten, jenseitigen, wirklich aus Porzellan waren, ist mir aber nicht sicher. Eher denke ich an Glas. Jedenfalls waren sie lückenlos mit Blumen bestellt, die wie Zwiebeln aus Glasbehältern, nur aus kugeligen, buntfarbigen, hervorkamen und die im Wasser, wieder wie Bojen, sanft gegeneinanderschlugen. Ich trat für einen Augenblick in das Blumenparterre der jenseitigen Reihe hinein. Gleichzeitig hörte ich die Erläuterungen eines kleinen Unterbeamten, welcher uns führte. In dieser Rinne, das besagten seine Ausführungen, bringen sich die Selbstmörder um, die Armen, die nichts mehr besitzen als eine Blume, welche sie zwischen die Zähne nehmen. Dieses Licht fiel nun auf die Blumen. Also ein Acheron, könnte man denken; aber im Traum nichts davon. Man sagte mir, an welcher Stelle ich den Fuß beim Rückschreiten auf die ersten Platten zu setzen habe. Das Porzellan war an dieser Stelle weiß und gerieft. In Gesprächen legten wir den Weg aus der Tiefe des Güterbahnhofs zurück. Ich machte auf die seltsame Zeichnung der Kacheln, die wir noch immer unter den Füßen hatten, aufmerksam und auf ihre Verwendbarkeit für einen Film. Man wollte aber nicht, daß so öffentlich von solchen Projekten gesprochen werde. Auf einmal kam ein zerlumpter Knabe auf dem Weg nach dort unten uns entgegen. Die anderen ließen ihn, wie es schien, ruhig passieren, nur ich griff fieberhaft in all meine Taschen, ich wünschte ein Fünfmarkstück zu finden. Es kam nicht. Ich steckte ihm, da er mich kreuzte – denn er hielt auf seinem Wege nicht inne –, eine etwas kleinere Münze zu und erwachte.

Die ›Neue Gemeinschaft‹

Ich las ›Friedensfest‹ und ›Einsame Menschen‹. Ungesittet benahmen die Leute sich in diesem Friedrichshagener Milieu. Aber so kindisch scheinen sich die Leute in dieser ›Neuen Gemeinschaft‹ Bruno Willes und Bölsches, die zu Gerhart Hauptmanns Jugendzeit von sich reden machte, benommen zu haben. Der heutige Leser fragt sich, ob er einem Geschlecht von Spartiaten angehört, so viel mehr Zucht besitzt er. Was für ein roher Patron ist nicht dieser Johannes Vockerath, den Hauptmann mit sichtlicher Sympathie darstellt. Die Unerzogenheit und Indiskretion scheint die Voraussetzung dieses dramatischen Heldentums. In Wirklichkeit aber ist diese Voraussetzung nichts anderes als: die Krankheit. Hier wie bei Ibsen scheinen ihre vielen Spielarten Decknamen für die Krankheit der Jahrhundertwende, das mal de siècle zu sein. In jenen halb verpfuschten Bohemiens wie Braun und Pastor Scholz ist die Sehnsucht nach Freiheit am stärksten. Andererseits aber scheint es, als ob die intensive Befassung mit der Kunst, mit der sozialen Frage sie erst so krank gemacht hat. Mit andern Worten: Krankheit ist hier ein soziales Emblem, wie der Wahnsinn es bei den Alten gewesen ist. Die Kranken haben ganz besondere Kenntnis vom Zustand der Gesellschaft. In ihnen schlägt die Hemmungslosigkeit in eine untrügliche Witterung der Atmosphäre um, in der die Zeitgenossen atmen. ›Nervosität‹ ist die Zone dieses Umschlagens. Die Nerven sind inspirierte Fäden, gleich jenen Fasern, die sich mit unbefriedigten Verjüngungen, mit sehnsuchtsvollen Buchten um Neunzehnhundert über Mobiliar und Häuserfronten zogen. Die Figur des Bohemiens sah der Jugendstil am liebsten in Gestalt einer Daphne, die unter dem Nahen der verfolgenden Wirklichkeit sich in ein Bündel bloßgelegter, in der Luft der Jetztzeit erschauernder Nervenfasern verwandelt.

Brezel, Feder, Pause, Klage, Firlefanz

Dergleichen Wörter, ohne Bindung und Zusammenhang, sind Ausgangspunkte eines Spieles, das im Biedermeier hoch im Ansehen stand. Aufgabe eines jeden war, sie derart in einen bündigen Zusammenhang zu bringen, daß ihre Reihenfolge nicht verändert wurde. Je kürzer dieser war, je weniger vermittelnde Momente er enthielt, desto beachtenswerter war die Lösung. Zumal bei Kindern fördert dieses Spiel die schönsten Funde. Ihnen nämlich sind Wörter noch wie Höhlen, zwischen denen sie seltsame Verbindungswege kennen. Doch nun vergegenwärtige man sich die Umkehrung des Spieles, sehe einen gegebenen Satz so an, als wäre er nach dessen Regel konstruiert. Mit einem Schlage müßte er ein fremdes, erregendes Gesicht für uns gewinnen. Ein Teil von solcher Sicht liegt aber wirklich in jedem Akt des Lebens eingeschlossen. Nicht nur das Volk liest so Romane – nämlich der Namen oder Formeln wegen, die ihm aus dem Text entgegenspringen; auch der Gebildete liegt lesend auf der Lauer nach Wendungen und Worten, und der Sinn ist nur der Hintergrund, auf dem der Schatten ruht, den sie wie Reliefffiguren werfen. Greifbar wird das zumal an solchen Texten, die man die heiligen nennt. Der Kommentar, der ihnen dient, greift Wörter aus solchem Text heraus, als wären sie nach den Regeln jenes Spieles ihm gesetzt und zur Bewältigung aufgegeben worden. Und wirklich haben Sätze, die ein Kind im Spiele aus den Wörtern schlägt, mit denen heiliger Texte mehr Verwandtschaft als mit der Umgangssprache der Erwachsenen. Davon ein Beispiel, welches die Verbindung der vorgenannten Wörter durch ein Kind (in seinem zwölften Lebensjahre) gibt: ›Die Zeit schwingt sich wie eine Brezel durch die Natur. Die Feder malt die Landschaft, und entsteht eine Pause, so wird sie mit Regen ausgefüllt. Man hört keine Klage, denn es gibt keinen Firlefanz.‹

Einmal ist keinmal

Beim Schreiben hält man hin und wieder über einer schönen Stelle inne, die besser gelungen ist als alle andern und nach der man plötzlich nicht weiter weiß. Etwas ist nicht mit rechten Dingen zugegangen. Es ist, als gäbe es ein böses oder unfruchtbares Gelingen, und vielleicht muß man gerade von diesem einen Begriff haben, um zu erfassen, was es mit dem rechten auf sich hat. Im Grunde sind es zwei Parolen, die sich gegenübertreten: das Ein-für-allemal und das Einmal ist keinmal. Natürlich gibt es Fälle, wo es mit dem Ein-für-allemal getan ist – beim Spiele, im Examen, beim Duell. Nie aber bei der Arbeit. Sie setzt ›Einmal ist keinmal‹ in seine Rechte. Nur ist es nicht jedermann gelegen, auf den Grund der Praktiken und der Verrichtungen zu dringen, in welchem diese Weisheit Wurzel schlägt. Trotzki hat es getan in den paar Sätzen, mit welchen er der Arbeit seines Vaters auf dem Getreidefeld ein Denkmal setzt. ›Ergriffen‹, schreibt er, ›sehe ich ihm zu. Mein Vater bewegt sich einfach und ganz gebräuchlich; man möchte nicht meinen, er sei bei der Arbeit; seine Schritte sind gleich, es sind Probeschritte, als suche er sich den Platz, wo er erst richtig anfangen kann. Seine Sichel macht schlicht, ohne alle künstliche Zwanglosigkeit, ihren Weg; eher könnte man denken, sie sei nicht ganz sicher; und doch schneidet sie scharf, hart am Boden und wirft in regelmäßigen Bändern nach links, was sie niedergelegt hat.‹ Da haben wir die Art und Weise des Erfahrenen, welcher es gelernt hat, mit jedem Tag, mit jedem Sensenschwung von neuem anzusetzen. Er hält sich beim Geleisteten nicht auf, ja, unter seinen Händen verflüchtigt sich das schon Geleistete und wird unspürbar. Nur solche Hände werden mit dem Schwersten spielend fertig, weil sie beim Leichtesten behutsam sind. ›Ne jamais profiter de l'élan acquis‹, sagt Gide. Unter den Schriftstellern zählt er zu denen, bei welchen die ›schönen Stellen‹ am rarsten sind.

Schönes Entsetzen

Der vierzehnte Juli. Von Sacré-Cœur aus übergießen bengalische Feuer Montmartre. Der Horizont hinter der Seine glüht. Feuergarben fahren auf und erlöschen über der Ebene. Zehntausende stehen am steilen Abhang gedrängt und folgen dem Schauspiel. Und diese Menge kräuselt unaufhörlich ein Flüstern wie Fältchen, wenn der Wind im Mantel spielt. Spannt man sein Ohr dem schärfer entgegen, so tönt darin noch anderes als Erwartung der Raketen und Leuchtkugeln. Erwartet nicht diese dumpfe Menge ein Unheil, groß genug, aus ihrer Spannung den Funken zu schlagen; Feuersbrunst oder Weltende, irgend etwas, das dies samtne, tausendstimmige Flüstern umschlagen ließe in einen einzigen Schrei, wie ein Windstoß das Scharlachfutter des Mantels aufdeckt? Denn der helle Schrei des Entsetzens, der panische Schrecken ist die Kehrseite aller wirklichen Massenfeste. Der leise Schauer, der die ungezählten Schultern überrieselt, bangt nach ihm. Für das tiefste, unbewußte Dasein der Masse sind Freudenfeste und Feuersbrünste nur Spiel, an dem sie auf den Augenblick des Mündigwerdens sich vorbereitet, auf die Stunde, da Panik und Fest, nach langer Brudertrennung sich erkennend, im revolutionären Aufstand einander umarmen. Von Rechts wegen begeht man in Frankreich die Nacht des vierzehnten Juli mit Feuerwerk.

Noch einmal

Ich war im Traum im Landerziehungsheim Haubinda, wo ich aufgewachsen bin. Das Schulhaus lag in meinem Rücken und ich ging im Wald, der einsam war, nach Streufdorf zu. Jetzt war es aber nicht mehr die Stelle, an der der Wald gegen die

Ebene abbricht, wo die Landschaft – Dorf und die Kuppe des Straufhaim – auftauchten, sondern als ich in sanfter Wölbung einen niedrigen Berg erstiegen hatte, da fiel er auf der andern Seite beinah senkrecht ab und von der Höhe, die im Niederschreiten sich verminderte, sah ich durch ein Oval von Wipfeln hindurch wie in einem alten ebenholzschwarzen Photorahmen die Landschaft. Sie ähnelte der gemeinten in nichts. An einem großen blauen Strome lag Schleusingen, das sonst weitab liegt, und ich wußte nicht: Ist das Schleusingen oder Gleicherwiesen? Alles war wie in Farbenfeuchte gebadet und dennoch herrschte ein schweres und nasses Schwarz vor, als sei das Bild der eben erst, im Traum, noch einmal schmerzhaft umgepflügte Acker, in den die Samen meines spätren Lebens damals gesät worden waren.

Geschichten

Das Taschentuch

Warum es mit der Kunst, Geschichten zu erzählen, zu Ende geht – diese Frage war mir schon oft gekommen, wenn ich mit anderen Eingeladenen einen Abend lang um einen Tisch gesessen und mich gelangweilt hatte. An diesem Nachmittage aber, als ich auf dem Promenadendeck der ›Bellver‹ neben der Steuermannskabine stand, und mit meinem vorzüglichen Feldstecher alle Aspekte des unvergleichlichen Bilds mir zusammensuchte, das Barcelona von der Höhe des Schiffes her bietet, glaubte ich die Antwort auf sie gefunden zu haben. Die Sonne sank über der Stadt und schien sie zu schmelzen. Alles Leben hatte sich in die lichtgrauen Übergänge zwischen dem Laub der Bäume, dem Zement der Bauten und dem Fels der entfernten Berge zurückgezogen. Die ›Bellver‹ ist ein schönes, geräumiges Motorschiff, dem man eine größere Bestimmung zuschreiben möchte als die Versorgung des kleinen Inselverkehrs nach den Balearen. Und wirklich schien mir ihr Bild zu schrumpfen, als ich sie am nächsten Tage an der Mole von Ibiza die Rückfahrt erwarten sah, denn ich hatte mir eingebildet, von dort nehme sie ihren Kurs auf die Kanarischen Inseln. So stand ich und dachte an den Kapitän O… zurück, von dem ich vor ein paar Stunden Abschied genommen hatte, den ersten und vielleicht letzten Erzähler, auf den ich in meinem Leben gestoßen bin. Denn wie gesagt, mit der Kunst des Erzählens geht es zu Ende. Und wenn ich mich der vielen Stunden erinnerte, die Kapitän O… auf dem Achterdeck hin und her spaziert war, hin und wieder müßig ins Weite blikkend, dann wußte ich auch: wer sich nie langweilt, kann nicht erzählen. Die Langeweile aber hat in unserem Tun keine Stelle mehr. Die Tätigkeiten, welche sich geheim und innig mit ihr verbunden haben, sterben aus. Und auch darum geht es mit der Gabe, Geschichten zu erzählen, zu Ende: es wird nicht mehr gewoben und gesponnen, gebastelt und geschabt, während man ihnen lauscht. Kurz: Arbeit, Ordnung und Unterordnung muß sein, wo Geschichten gedeihen sollen.

Erzählen ist ja nicht nur eine Kunst, es ist vielmehr noch eine Würde, wenn nicht, wie im Orient, ein Amt. Es mündet in eine Weisheit, wie umgekehrt Weisheit oft als Erzählung sich beweist. Der Erzähler ist also immer auch einer, der Rat weiß. Und um den zu bekommen, muß man selber ihm erzählen. Wir aber wissen von unseren Sorgen nur zu stöhnen, zu jammern, nicht zu erzählen. Und zum dritten dachte ich an die Pfeife des Kapitäns: die Pfeife, die er ausklopfte, wenn er begann und ausklopfte, wenn er schwieg, dazwischen aber, wenn es dazu kam, ruhig ausgehen ließ. Sie hatte ein Bernsteinmundstück, ihr Kopf aber war aus Horn und mit schweren Silberbeschlägen versehen. Von seinem Großvater stammte sie, und ich glaube, sie war der Talisman des Erzählers. Denn auch darum gibt es nichts mehr Rechtes zu hören, weil die Dinge nicht mehr auf die richtige Weise dauern. Wer einmal einen Ledergürtel so lange trug, bis er ihm zu Stücken zerfallen ist, wird immer finden: irgendwann hat im Laufe der Zeit eine Geschichte sich an ihn angesetzt. Die Pfeife des Kapitäns mußte deren schon viele kennen.

So träumte ich, als tief unten am Quai ein untersetzter Mann mit dem massivsten Gesicht, das je unter einer Kapitänsmütze steckte, auftauchte: Kapitän O..., mit dessen Frachtschiff ich am Morgen eingelaufen war. Wer einsamen Aufbruch aus fremden Städten gewöhnt ist, der weiß oder wird ermessen, was das Auftauchen eines bekannten Gesichts, auch wenn es keins von den vertrautesten ist, in solchen Augenblicken bedeutet, wenn die bevorstehende Abfahrt alle Bedenklichkeiten eines längeren Gesprächs aus dem Weg räumt, gleichzeitig aber auch ihm irgendeinen Hut, eine Hand, ein Taschentuch zur Verfügung stellt, in die der obdachlose Blick sich nisten kann, ehe er auf die Meeresfläche hinausschweift. Und nun stand da der Kapitän, als hätte ich ihn mit meinen Gedanken herbeigerufen. Mit fünfzehn Jahren war er von zu Hause fortgekommen, drei Jahre lang auf einem Schulschiff im Pazifik und im Atlantik herumgekreuzt und später auf einem Amerika-Dampfer des Lloyd angekommen, den er aber – aus welchem Grunde war unbekannt – bald verlassen hatte. Mehr hatte ich nicht in Erfahrung bringen können. Über seinem Leben schien ein Schatten zu liegen, auch sprach er nicht gerne davon. Und damit schien ihm freilich zu fehlen, was am Erzähler das Wunderbarste ist: daß er nämlich sein Leben erzählen kann, diesen Docht sich in der sanften Flamme des Erzählens verzehren läßt. Wie dem nun sei, sein Leben schien arm zu sein verglichen mit dem des Schiffs, das er in allen Spanten und in allen Sparren zu Leben zu bringen wußte. So stand es, als ich diesen Morgen von Bord gegangen war, vor mir. Um Baujahr und Tarife, Frachtraum und Tonnage wußte ich ebenso gut Bescheid wie um die Gehälter der Schiffsjungen und die Sorgen der Offiziere. Ja, als der Frachtverkehr noch bei den Seglern lag, wo der Kapitän selbst in den Häfen die Frachten abschloß! Damals galt noch das alte Scherzwort: ›Ausscheiden aus der Seefahrt und auf einen Dampfer gehen.‹ Heute aber ... und dann folgten meist einige Sätze, aus denen zu entnehmen war, wie eingreifend auch hier die Wirtschaftsnot die Dinge gewandelt hatte.

Bei solcher Gelegenheit ließ Kapitän O... bisweilen auch über Politik ein Wort fallen. Nie aber sah ich ihn mit einer Zeitung. Unvergeßlich ist mir seine Antwort geblieben, als ich eines Tages das Gespräch darauf brachte. »Aus den Zeitungen«, sagte er, »kann man gar nichts erfahren; die Leute wollen einem ja alles erklären.« Und in der Tat: ist es nicht schon die halbe Kunst der Berichterstattung, sie von Erklärungen freizuhalten? Und sind darin die Alten nicht vorbildlich, die das Geschehen sozusagen trocken legten, indem sie alle psychologische Begründung und alle Meinung daraus abfließen ließen? Seine eigenen Geschichten jedenfalls, das mußte man zugeben, hielten sich von überflüssigen Erklärungen frei, ohne, wie mir schien, darum zu verlieren. Es sind merkwürdigere dabei gewesen, aber keine, die jene Eigenart so sehr bestätigt, wie die folgende, auf die nun diesen Nachmittag an der Mole von Barcelona noch der überraschendste Reflex fallen sollte.

»Es war«, so hatte auf der Höhe von Cadix der Kapitän mir erzählt, »vor vielen Jahren auf einer meiner ersten Amerikafahrten, die ich als jüngster Offizier mitmachte. Wir waren den siebenten Tag unterwegs und mußten am nächsten Mittag in Bremerhaven einlaufen. Ich machte zur gewöhnlichen Zeit meinen Rundgang über das Promenadendeck, wechselte hin und wieder ein paar Worte mit den Passagieren. Da stutzte ich; der sechste Liegestuhl in der Reihe stand leer. Ein Gefühl der Beklemmung kam in mir auf, und doch, glaube ich, bin ich noch weit beklommener an den Vortagen an ihm vorbeigeschritten, wenn ich mit einem stummen Gruß mich an die junge Frau wandte, die darin, ihre Hände im Nakken gefaltet, regungslos vor sich hin zu blicken pflegte. Sie war sehr schön, aber ebenso auffallend wie ihre Schönheit war ihre Zurückhaltung. Die ging so weit, daß man nur selten Gelegenheit hatte, ihre Stimme zu hören – die wunderbarste Stimme, deren ich mich entsinnen kann – spröde und rauchig, dunkel und metallisch. Einmal, als ich ihr ein Taschentuch aufhob – ich weiß noch heute, wie das Zeichen mich frappierte: ein dreigeteiltes Wappen mit drei Sternen in jedem Feld – habe ich sie das ›Danke‹ sagen hören mit einem Ausdruck, als hätte ich ihr das Leben gerettet. Diesmal also beendete ich meine Runde und war gerade im Begriff, mich nach dem Schiffsarzt umzusehen, um zu hören, ob die Dame am Ende krank sei, als plötzlich ein Wirbel weißer Fetzen mich umgab. Ich blickte auf und sah, wie die Vermißte übers Gestänge des Sonnendecks gelehnt abwesend einem Schwarm von Zetteln und Papieren nachblickte, mit denen Wind und Wellen ihr Spiel trieben. Am nächsten Mittag – ich hatte meinen Posten auf dem Deck und beaufsichtigte die Landungsmanöver – kreuzte mein Blick von neuem im Vorübergehen die Fremde. Das Schiff war im Begriffe beizulegen, und langsam schob sich der Kiel näher an den Quai heran, an dem wir das Heck vertäut hatten. Deutlich erkannte man die Gestalten der Wartenden; fieberhaft musterte sie die Fremde. Das Niederlassen der Ankertrossen hatte meine Aufmerksamkeit mit Beschlag belegt, als mit einem Male ein vielstimmiger Schrei sich erhob. Ich wandte mich um, und augenblicklich sah ich, daß die Fremde verschwunden war; an der Bewegung der Menge war abzulesen, daß sie sich hinab gestürzt hatte. Jeder Rettungsversuch war aussichtslos. Hätte man die Maschine selbst augenblicklich abstoppen können – der Schiffsrumpf war vom Quai nicht mehr als drei Meter entfernt und seine Bewegung war unaufhaltsam. Wer dazwischen geriet, war verloren. Da ereignete sich das Unwahrscheinliche: Es fand sich einer, der den ungeheuerlichen Versuch unternahm. Man sah ihn, jeden Muskel angespannt, die Augenbrauen in eins gezogen, als wenn er zielen wollte, von der Reling springen, und während – zum Entsetzen aller Beiwohnenden – der Dampfer seiner ganzen Länge nach steuerbords beilegte, kam an Backbord, das so verlassen war, daß man ihn anfangs nicht einmal bemerkte, der Retter, in seinem Arm das Mädchen, in die Höhe. Er hatte in der Tat gezielt und sie – genau, nach seiner ganzen Schwere, auf die andere stürzend, sie mit sich in die Tiefe reißend, unterm Kiel des Schiffes wieder in die Höhe tauchend – an die Oberfläche getragen. ›Als ich sie so hielt‹, sagte er später zu mir, ›hat sie ‚Danke' geflüstert, als hätte ich ihr ein Taschentuch aufgehoben.‹«

Noch hatte ich die Stimme im Ohr, mit welcher der Erzähler diese letzten Worte gesprochen hatte. Wollte ich ihm noch einmal die Hand geben, so war keine Zeit zu verlieren. Eben schickte ich mich an, die Treppen zu ihm hinunter zu eilen, da merkte ich, wie die Speicher, Baracken und Kräne langsam zurückwichen. Wir waren in Fahrt. Den Feldstecher vor Augen, ließ ich Barcelona zum letzten Male an mir vorüberziehen. Dann senkte ich ihn langsam bis zum Quai. Da stand in der Menge der Kapitän; er mußte mich soeben bemerkt haben. Grüßend erhob er die Hand, ich schwenkte die meine. Als ich das Glas von neuem an die Augen setzte, hatte er ein Taschentuch entfaltet und winkte. Deutlich gewahrte ich in einer Ecke das Zeichen: Ein dreigeteiltes Wappen mit drei Sternen in jedem Feld.

Geschichten aus der Einsamkeit

Die Mauer

Ich lebte seit ein paar Monaten in einem spanischen Felsennest. Oft hatte ich den Vorsatz gefaßt, einmal in die Umgebung hinauszustreifen, die von einem Kranz ernster Grate und dunkler Pinienwaldungen eingefaßt war. Dazwischen lagen versteckte Dörfer; die meisten waren nach Heiligen genannt, die recht wohl diese paradiesische Gegend besiedeln konnten. Es war aber Sommer; die Hitze ließ mich meinen Vorsatz von Tag zu Tag hinausschieben und selbst die beliebte Promenade zum Windmühlenhügel, den ich von meinem Fenster aus sah, hatte ich mir schließlich aufsparen wollen. So blieb es bei dem gewohnten Schlendern durch die engen, schattigen Gassen, in deren Netzwerk man niemals den gleichen Knotenpunkt auf die gleiche Art findet. Eines Nachmittags stieß ich bei meinen Irrgängen auf einen Kramladen, in dem Ansichtskarten zu haben waren. Jedenfalls hatte er einige im Fenster, in ihrer Zahl das Photo von einer Stadtmauer, wie sie viele Orte in diesem Winkel erhalten haben. Ich hatte aber eine ähnliche nie gesehen. Der Photograph hatte ihren ganzen Zauber erfaßt, und sie schwang sich durch ihre Landschaft wie eine Stimme, wie ein Hymnus durch die Jahrhunderte ihrer Dauer. Ich versprach mir, diese Karte nicht eher zu kaufen, bis ich die Mauer, die auf ihr abgebildet war, selbst gesehen hätte. Niemandem sprach ich von meinem Vorsatz, und das konnte ich um so eher unterlassen, als die Karte mit ihrer Unterschrift ›S. Vinez‹ mich leitete. Zwar wußte ich von einem Heiligen Vinez nichts. Aber wußte ich mehr von einem heiligen Fabiano, einem heiligen Romano oder Symphorio, nach denen andere Flecken der Umgebung genannt waren? Wenn auch mein Reisehandbuch den Namen nicht angab, so wollte das erst recht nichts besagen. Bauern bewohnten die Gegend, und Schiffer machten ihre Markierung nach ihr: beide aber hatten für die gleichen Orte verschiedene Namen. So zog ich ältere Landkarten zu Rate und als auch das mich nicht weiterbrachte, verschaffte ich mir eine Navigationskarte. Bald faszinierte mich diese Forschung, und es wäre gegen meine Ehre gegangen, in so vorgerücktem Stadium der Sache noch Hilfe oder Rat bei Dritten zu suchen. Ich hatte wieder einmal eine Stunde über meinen Karten verbracht, als ein einheimischer Bekannter mich zu einem Abendspaziergang einlud. Er wollte mich vor die Stadt auf den Hügel führen, von dem über Pinienwipfeln die längst stillgelegten Windmühlen mich so oft gegrüßt hatten. Als wir oben angelangt waren, begann es dunkel zu werden, und wir machten Rast, um den Mond abzuwarten, bei dessen erstem Strahl wir uns auf den Heimweg machten. Wir traten aus einem Pinienwäldchen. Da lag im Mondlicht, nahe und unverkennbar, die Mauer, deren Bild mich seit Tagen begleitet hatte, und in ihrem Schutze die Stadt, in die wir heimkehrten. Ich sprach kein Wort, trennte mich aber von meinem Freund bald. – Am nächsten Nachmittag stieß ich unversehens auf meinen Kramladen. Die Ansichtskarte hing noch im Fenster. Über der Tür aber las ich auf einem Schild, das mir vorher entgangen war, mit roten Lettern ›Sebastiano Vinez‹. Einen Zuckerhut und ein Brot hatte der Maler dazugegeben.

Die Pfeife

Ein Spaziergang führte mich in Begleitung eines Ehepaares, dem ich befreundet war, in der Nähe des Hauses vorüber, das ich auf der Insel bewohnte. Ich bekam Lust, mir meine Pfeife anzuzünden. Als ich sie beim gewohnten Griff nicht fand, schien die Gelegenheit mir günstig, aus meinem Zimmer, wo sie auf dem Tisch liegen mußte, sie mitzunehmen. Mit einem kurzen Wort bat ich den Freund, mit seiner Frau voranzugehen, während ich die Vermißte hole. Ich machte kehrt; noch aber hatte ich mich kaum zehn Schritte entfernt, da fühlte ich, bei einer Nachschau, die Pfeife in meiner Tasche. So kam es, daß die anderen, ehe noch eine volle Minute vergangen war, mich, Rauchwolken aus der Pfeife stoßend, wieder bei sich sahen. »Da lag sie wirklich auf dem Tisch«, erklärte ich, einer unverständlichen Laune folgend. Im Blick des Mannes tauchte etwas auf, das dem eines Erwachten ähnelte, welcher nach tiefem Schlaf noch nicht heraushat, wo er nun eigentlich ist. Wir gingen weiter, und das Gespräch nahm seinen Lauf. Etwas später lenkte ich es auf das Intermezzo zurück. »Wie kam es«, fragte ich, »daß Sie nichts merkten? Was ich behauptete, war doch unmöglich.« – »Das schon«, antwortete der Mann nach kurzer Pause. »Ich wollte auch etwas sagen. Aber dann dachte ich mir: es wird schon stimmen. Warum sollte er mich belügen?«

Das Licht

Mit der Geliebten war ich zum ersten Mal und in einem fremden Dorfe allein. Ich wartete vor meinem Nachtquartier, das nicht das ihre war. Wir wollten noch einen Abendspaziergang machen. Wartend ging ich die Dorfstraße auf und ab. Da sah ich in der Ferne, zwischen Bäumen, ein Licht. ›Dies Licht‹, so dachte ich bei mir, ›sagt denen, die es allabendlich vor Augen haben, nichts. Es mag zu einem Leuchtturm oder Bauernhof gehören. Mir aber, dem hier Fremden, sagt es viel.‹ Und damit machte ich kehrt, um von neuem die Dorfstraße abzuschreiten. So hielt ich es eine Zeitlang, und immer, wenn ich nach einer Weile umkehrte, lockte das Licht zwischen den Bäumen meinen Blick an. Dann aber geschah es, daß es mir halt gebot. Das war kurz ehe die Geliebte mich wiederfand. Ich hatte mich von neuem umgewendet, und ich erkannte: Das Licht, das ich zu ebner Erde gesichtet hatte, war das des Monds gewesen, der langsam über die fernen Wipfel heraufgerückt war.

Vier Geschichten

Die Warnung

Bei einem Ausflugsort unweit von Tsingtau gab es eine Felsenpartie, die sich durch ihre romantische Lage und die steilen Wände auszeichnete, mit denen sie zur Tiefe hinabstürzte. Diese Felsenpartie war das Ziel vieler Liebhaber in ihrer glücklichen Zeit, und nachdem sie die Landschaft am Arm ihres Mädchens bewundert hatten, kehrten sie in Begleitung desselben in eine nahegelegene Restauration ein. Diese Restauration ging sehr gut. Sie gehörte Herrn Ming.

Da kam eines Tages ein Liebhaber, der verlassen worden war, auf den Gedanken, seinem Leben ebendort ein Ende zu machen, wo er es am vollsten genossen hatte, und unweit der Restauration stürzte er sich von dem Felsen in die Tiefe. Dieser erfinderische Liebhaber fand Nachahmer, und nicht lange dauerte es, so war diese Felspartie ebenso berüchtigt als Schädelstätte wie als Aussichtspunkt berühmt. Unter diesem neuen Ruf aber litt das Etablissement von Herrn Ming; kein Kavalier konnte es wagen, seine Dame an einen Ort zu führen, wo er jederzeit gewärtig sein mußte, eine Ambulanz auftauchen zu sehen. Herrn Mings Geschäfte gingen schlechter und schlechter, und es blieb ihm nichts übrig, als nachzudenken.

Er schloß sich einen Tag in sein Zimmer ein. Als er wieder hervorkam, begab er sich in das nahegelegene Elektrizitätswerk. Nach wenigen Tagen zog sich am äußern Rande der romantischen Felspartie ein Draht entlang. Auf einer Tafel, die an ihm hing, las man: ›Achtung! Hochspannung! Lebensgefahr!‹ Seitdem mieden die Selbstmordkandidaten diese Gegend, und Herrn Mings Geschäfte blühten wie ehemals.

Die Unterschrift

Potemkin litt an schweren, mehr oder weniger regelmäßig wiederkehrenden Depressionen, während deren sich niemand ihm nähern durfte und der Zugang zu seinem Zimmer aufs strengste verboten war. Am Hofe wurde dieses Leiden nicht erwähnt, insbesondere wußte man, daß jede Anspielung darauf die Ungnade der Kaiserin Katharina nach sich zog. Eine dieser Depressionen des Kanzlers dauerte außergewöhnlich lange. Ernste Mißstände waren die Folge; in den Registraturen häuften sich Akten, deren Erledigung, die ohne Unterschrift Potemkins unmöglich war, von der Zarin gefordert wurde. Die hohen Beamten wußten sich keinen Rat.

In dieser Zeit geriet durch einen Zufall der unbedeutende kleine Kanzlist Schuwalkin in die Vorzimmer des Kanzlerpalais, wo die Staatsräte wie gewöhnlich jammernd und klagend beisammen standen. »Was gibt es, Exzellenzen? Womit kann ich den Exzellenzen dienen?« bemerkte der eilfertige Schuwalkin. Man erklärte ihm den Fall und bedauerte, von seinen Diensten keinen Gebrauch machen zu können. »Wenn es weiter nichts ist, meine Herren«, antwortete Schuwalkin, »überlassen Sie mir die Akten. Ich bitte darum.« Die Staatsräte, die nichts zu verlieren hatten, ließen sich dazu bewegen, und Schuwalkin schlug, das Aktenbündel unterm Arm, durch Galerien und Korridore den Weg zum Schlafzimmer Potemkins ein. Ohne anzuklopfen, ja ohne Halt zu machen, drückte er die Türklinke nieder. Das Zimmer war nicht verschlossen. Im Halbdunkel saß Potemkin auf seinem Bett, Nägel kauend, in einem verschlissenen Schlafrock. Schuwalkin trat zum Schreibtisch, tauchte die Feder ein und ohne ein Wort zu verlieren schob er sie Potemkin in die Hand, den erstbesten Akt auf sein Knie. Mit einem abwesenden Blick auf den Eindringling, wie im Schlaf, vollzog Potemkin die Unterschrift; dann eine zweite; weiter die sämtlichen. Als die letzte geborgen war, verließ Schuwalkin ohne Umstände, wie er gekommen war, sein Dossier unterm Arm, das Gemach.

Triumphierend die Akten schwenkend trat Schuwalkin in das Vorzimmer. Ihm entgegen stürzten die Staatsräte, rissen die Papiere aus seinen Händen. Atemlos beugten sie sich darüber. Niemand sagte ein Wort; die Gruppe erstarrte. Wieder näherte sich der Kanzlist, wieder erkundigte er sich eilfertig nach dem Grund der Bestürzung der Herren. Da fiel auch sein Blick auf die Unterschrift. Ein Akt wie der andere war unterfertigt: Schuwalkin, Schuwalkin, Schuwalkin …

Der Wunsch

In einem chassidischen Dorf saßen eines Abends zu Sabbat-Ausgang in einer ärmlichen Wirtschaft die Juden. Ansässige waren es, bis auf einen, den keiner kannte, einen ganz ärmlichen, zerlumpten, der im Hintergrunde im Schatten des Ofens kauerte. Hin und her waren die Gespräche gegangen. Da brachte einer auf, was sich wohl jeder zu wünschen dächte, wenn er einen Wunsch frei hätte. Der eine wollte Geld, der andere einen Schwiegersohn, der dritte eine neue Hobelbank, und so ging es die Runde herum.

Als jeder zu Worte gekommen war, blieb noch der Bettler in der Ofenecke. Widerwillig und zögernd gab er den Fragern nach: »Ich wollte, ich wäre ein großmächtiger König und herrschte in einem weiten Lande und läge nachts und schliefe in meinem Palast und von der Grenze bräche der Feind herein und ehe es dämmerte wären die Berittenen bis vor mein Schloß gedrungen und keinen Widerstand gäbe es, und aus dem Schlaf geschreckt, nicht Zeit mich auch nur zu bekleiden, und im Hemd, hätte ich meine Flucht antreten müssen und sei durch Berg und Tal und über Wald und Hügel und ohne Ruhe Tag und Nacht gejagt, bis ich hier auf der Bank in eurer Ecke gerettet angekommen wäre. Das wünsche ich mir.«

Verständnislos sahen die andern einander an. – »Und was hättest du von all dem?« fragte einer. – »Ein Hemd«, war die Antwort.

Der Dank

Beppo Aquistapace war in einer New Yorker Bank angestellt. Der bescheidene Mann lebte nur seiner Arbeit. In vierjähriger Dienstzeit war er höchstens drei Mal ausgeblieben und niemals ohne triftige Entschuldigung. Es mußte daher auffallen, als er eines Tages unangekündigt fehlte. Als auch am nächsten Tag weder der Mann noch seine Entschuldigung eintraf, ließ Herr McCormik, der Personalchef, in Aquistapaces Büro ein paar fragende Worte fallen. Aber niemand konnte ihm Auskunft geben. Der Vermißte unterhielt wenig Beziehung zu seinen Kollegen; er verkehrte mit Italienern, die wie er aus kleinen Verhältnissen stammten. Eben auf diesen Umstand berief er sich in einem Schreiben, das nach einer Woche Herrn McCormik über seinen Verbleib Auskunft gab.

Dieses Schreiben kam aus dem Untersuchungsgefängnis. Aquistapace wandte sich darin mit ebenso gesetzten wie dringlichen Worten an seinen Chef. Eine bedauerliche Begebenheit in seinem Stammlokal, an der er vollkommen unbeteiligt gewesen sei, habe zu seiner Verhaftung geführt. Noch heute könne er den Anlaß nicht angeben, der zu einer Messerstecherei unter seinen Landsleuten geführt habe. Leider habe sie ein Opfer gefordert. Nun wisse er niemanden als Herrn McCormik als Bürgen seines guten Rufs namhaft zu machen. – Dieser hatte nicht allein an der pflichttreuen Arbeit des Verhafteten ein gewisses Interesse, sondern auch Beziehungen, die es ihm leicht machten, an der zuständigen Stelle ein Wort für ihn einzulegen. Aquistapace war nur zehn Tage in Haft gewesen, als er seinen Dienst in der Bank wieder aufnahm.

Nach Büroschluß ließ er sich bei McCormik melden. Befangen stand er vor seinem Chef. »Herr McCormik«, begann er, »ich weiß nicht, wie ich Ihnen danken soll. Ihnen, nur Ihnen, verdanke ich meine Entlassung. Glauben Sie mir, nichts ginge mir über die Freude, mich Ihnen erkenntlich zu zeigen. Leider bin ich ein armer Mann. Und«, setzte er mit bescheidenem Lächeln hinzu, »daß ich in der Bank keine Schätze verdiene, wissen sie ja am besten. Aber Herr McCormik«, schloß er mit fester Stimme, »das Eine darf ich Ihnen versichern: wenn jemals für Sie eine Lage einträte, die durch Beseitigung eines Dritten gewinnen könnte, so erinnern Sie sich an mich. Auf mich können Sie rechnen.«

Gespräch über dem Corso

Nachklänge vom Nizzaer Karneval

Es war Faschingsdienstag in Nizza. Im stillen hatte ich dem Karneval schon den Rücken gekehrt und war zum Hafen geschlendert, um bei dem Anblick der altgewohnten Geschäfte, die den Abgang und Einlauf der Schiffe begleiten, von den Eindrücken der Vortage auszuruhen. Verträumt sah ich den Schauerleuten zu, die den ›Napoleon Bonaparte‹ aus Ajaccio löschten. Da ließ ein Schlag auf die Schulter mich auffahren.

»Was für ein Glück, Doktor, Sie hier zu treffen! Ja, denn ich wollte Sie unter allen Umständen auftreiben. Und als ich im Hotel nachfragte, waren Sie schon verschwunden.«

Es war mein alter Freund Fritjof, der seit Jahren in Nizza ansässig ist und sich bei meinem seltenen Auftauchen in der Stadt meiner annimmt, wie er auch sonst Fremde, wenn sie ihm angenehm sind, durch die Altstadt und in die Umgebung führt.

»Man erwartet Sie nämlich«, erklärte er, nachdem wir einander begrüßt hatten.

»Wo denn?« fragte ich etwas mißtrauisch. »Wer?«

»Im Café M. – Sie wissen, im Casino Municipal, von wo man den besten Blick auf den Corso hat.«

An einem Blick auf den Corso lag mir, wie gesagt, wenig. Dagegen machte die Schilderung, die Fritjof mir von einem dänischen Freunde gab, dem er meine Bekanntschaft versprochen hatte und dessentwegen er mir nachspürte, mich neugierig.

»Er ist Bildhauer«, sagte er, »eine alte Reisebekanntschaft. Ich habe ihn 1924 auf Capri, 1926 auf Rhodos, 1927 auf Hiddensee und zuletzt auf Formentera getroffen. Er gehört der merkwürdigen Menschenart an, die den größten Teil ihres Lebens auf Inseln zubringt und auf dem Festland nie recht zu Hause ist.«

»Bei einem Bildhauer scheint mir diese Lebensweise doppelt verwunderlich«, meinte ich.

»Bildhauer –«, sagte mein Freund, »so nannte ich ihn. Aber bestimmt kein gewöhnlicher. Ich glaube nicht, daß er je einen Auftrag entgegengenommen hat. Seine Mittel erlauben ihm eine sehr unabhängige Lebensweise. Gesehen habe ich von seinen Sachen übrigens nichts. Aber es war von ihnen die Rede, überall, wo ich ihn getroffen habe. Und vor allem bei den Einheimischen. Es ging das Gerücht, daß er in abgelegenen Berggegenden, unter freiem Himmel, seine Sachen unmittelbar in den Fels haue.«

»Ein Naturkünstler sozusagen?«

»Auf Rhodos nannte man ihn den ›Hexenmeister‹. So schlimm mag es nicht sein. Aber ein Sonderling ist er bestimmt. Übrigens wird es am besten sein, wenn Sie so tun, als ob Sie seinen Beruf gar nicht kennen. Er spricht nämlich nur sehr ungern von ihm. Ich kann mich in den zehn Jahren, seit ich ihn kenne, nur eines einzigen Gesprächs entsinnen, in dem diese Dinge gestreift wurden. Ich habe damals nur wenig begriffen, aber jedenfalls so viel, daß alles bei ihm ins Riesenhafte gehen muß. Welchen Vers man sich darauf machen soll, weiß ich nicht. Aber es scheint fast so, als ob ihn Felsbildungen inspirieren. Ungefähr so, wie sie in alten Zeiten zu der Phantasie der Bergbauern oder der Fischer gesprochen haben, die Götter, Menschen oder Dämonen in ihnen zu sehen glaubten.«

Wir hatten die Place Mazzéna überschritten, die heute, am Tage des letzten Umzugs, von allem profanen Wagenverkehr gereinigt dalag und der, aus den Seitenstraßen, die Karren sich zu bewegten.

Im ersten Stock des Cafés winkte von einem Tisch aus uns der Däne entgegen – ein kleiner, hagerer, aber nicht unschöner Mensch, dessen gelocktes Haar einen rötlichen Anflug hatte, die Vorstellung wurde von Fritjof wohl mit Absicht recht lässig gehandhabt, und bald saßen wir in den bequemen Sesseln vor unseren Whiskygläsern.

Ein Zeitungsverkäufer mit einer spitzen Clownmütze machte die Runde durch das Café.

»Jeder Karneval hat seine Parole«, erklärte Fritjof. »Le cirque et la foire heißt die diesjährige: Jahrmarkt und Zirkus.«

»Nicht ungeschickt«, meinte ich, »die Belustigungen des Karnevals an die volkstümlichsten anzulehnen.«

»Nicht ungeschickt«, wiederholte der Däne, »und doch vielleicht unschicklich. Jahrmarkt und Zirkus – gewiß Veranstaltungen, die der karnevalistischen Laune entgegenkommen. Aber tun sie es nicht zu sehr? Der Karneval ist ein Ausnahmezustand. Abkömmling der antiken Saturnalien, an denen das Unterste sich zu oberst kehrt und die Sklaven sich von ihren Herren bedienen ließen. Ein Ausnahmezustand hebt sich doch scharf eben nur gegen einen ordentlichen ab. Der Jahrmarkt ist aber bestimmt kein solcher. Mir wäre eine andere Parole glücklicher vorgekommen.«

»Wo wollen Sie sie hernehmen?« sagte Fritjof. »Sie stoßen auf das Außerordentliche, wohin Sie sich wenden. Es ist unsere tägliche Kost geworden. Von unseren gesellschaftlichen Zuständen, von den wirtschaftlichen will ich nicht reden. Nein, halten Sie sich nur an das Nächstliegende. Nehmen Sie den Unhold da unten mit seinem meterlangen Bleistift hinter dem Ohr. Er soll den ›Chronisten des Jahrmarkts‹ darstellen. Aber ähnelt er nicht vor allem der Reklamepuppe einer Bleistiftfabrik? Hat es nicht bei vielen dieser Riesengeschöpfe den Anschein, als hätten sie ihren Platz im Lichthof eines Warenhauses geräumt, um sich der Karnevalsprozession anzuschließen? Sehen Sie doch nur die Gruppe von Karren an, die da von links heranrückt! Sie müssen zugeben, daß sie eine Streitmacht im Werbefeldzug einer Schuhfirma darstellen würde.«

»Was sie übrigens vorstellen soll«, warf ich ein, »ist mir unklar.«

Es näherte sich eine Reihe von Handkarren, deren jeder eine überlebensgroße Figur beförderte; eine wie die andere lag auf dem Rücken und hielt ein Bein senkrecht in die Höhe gestreckt. Dieses Bein war ihr einziges, und es trug einen unförmig breiten, unförmig platten Fuß. Ob er nackt war oder beschuht, ließ sich aus der Entfernung nicht recht erkennen.

»Was sie vorstellen sollen«, antwortete mir der Däne, »wüßte ich auch nicht, wenn ich nicht zufällig voriges Jahr in Zürich ihre Bekanntschaft gemacht hätte. Ich habe da auf der Bibliothek studiert und die berühmte Sammlung von Einblattdrucken kennengelernt, die einer ihrer Schätze ist. Von daher kenne ich diese Fabelwesen. Denn Fabelwesen sind es: man nannte sie Skiopoden, zu deutsch: Schattenfüßler. Man wußte, daß sie sich in der Wüste aufhalten und sich gegen die dort herrschende Sonnenglut mit ihrem einzigen breiten Riesenfuß beschatten. Man wird sie, im Mittelalter, auch auf Jahrmärkten gezeigt oder besser: den Wißbegierigen versprochen haben, die sich vor dem Zelt der Mißgeburten und Naturwunder sammelten.«

Langsam zogen unten die Karren vorbei; größere, von Gespannen gezogene, folgten ihnen. Da war der ›Wagen der Lotterie‹, der sich auf sechs Glücksrädern voranbewegte; der ›Wagen des Fischbändigers‹, der seine bewimpelte Peitsche über kleinen Walen und riesigen Goldfischen aus Papier-maché tanzen ließ; der ›Wagen der Zeit‹, der, gezogen von einem dürren Klepper und von Chronos gelenkt, die Sommer- und Winter-, die mittel- und westeuropäische Zeit in Gestalt üppiger, sinnreich gekleideter Damen vorüberführte.

»Heute«, sagte Fritjof zu dem Dänen gewendet, »sind diese Wagen nur fahrbare Estraden. Aber Sie hätten sie vorgestern sehen sollen, als sie sich in Basteien verwandelt hatten. Hinter den ungeheuren Puppen verschanzt, führte die Bemannung ihre Schlacht gegen das Publikum – gegen die bloßen ›Zuschauer‹, die bei dieser Gelegenheit Zielscheibe allen Grolls werden, den im Laufe der Tage und Jahre die ewig Beiseitestehenden in denen wecken, die sich selbst einsetzen – sei es auch nur als Karnevalsfiguranten.«

»Mit dem Wagen«, sagte der Däne nachdenklich, »hat es überhaupt etwas auf sich. Es ist die Vorstellung der Ferne, glaube ich, die ihm seine Macht gibt, den Zauber, den jeder erstbeste Charlatan so gut zu verwerten versteht, wenn er, um sein Haarwuchsmittel oder sein Lebenselixier zu verkaufen, seinen Stand auf einem Wagen errichtet. Der Wagen ist eben etwas, das von weither kommt. Was von weither kommt, daran muß etwas sein.«

Ich mußte bei diesen Worten an ein merkwürdiges kleines Buch denken, das mir vor kurzem bei einem Münchener Antiquar unter einem Stoß vieler anderer das Fuhrwesen angehender und einer ehemaligen Marstallverwaltung entstammender Bücher in die Hände gefallen war. Es hieß ›Der Wagen und seine Wandlungen im Laufe der Zeiten‹. Um einiger kurioser Stiche willen und seines einschmeichelnden Formats wegen hatte ich es gekauft und mich seither selten von ihm getrennt. Ich trug es auch jetzt bei mir, und da ich des Schauens müde geworden war, lehnte ich mich in meinen Sessel zurück und begann darinnen zu blättern.

Alle Arten von Wagen und Fuhrwerken waren da abgebildet, und in einem Anhang sogar der Schiffskarren – der carrus navalis, von dem viele die Herkunft des umstrittenen

Worts ›Karneval‹ ableiten. Sicher ist das ernster zu nehmen als die hausbackene Mönchsetymologie, die in dem Wort eine Anspielung auf die Fastenzeit fand, und es las ›carne vale!‹ Fleisch, leb wohl! Später, als man näher an die Dinge heranging, besann man sich auf den alten Brauch, die Kähne, ehe man sie nach den Winterstürmen wieder zu Wasser ließ, in feierlichen Umzügen neu zu weihen, und so geriet man auf den lateinischen Schiffskarren.

Fritjof, der mit dem Dänen am Fenster lehnte, rief hin und wieder ein paar Worte zu mir herüber: Namen der Masken, die drunten vorüberkamen und die er aus dem Programm des Umzuges ablas. Manche von den Phantasiegestalten, die ich mir so gemächlich vor meinem Glase erschuf, konnten es mit den draußen Vorüberwankenden aller Wahrscheinlichkeit nach ruhig aufnehmen – ganz davon abgesehen, daß sie nicht – wie jene – durch eine auf ihren Rücken genähte Nummer entstellt wurden. So überließ ich es meiner Laune, was sie sich zu dem ›gebändigten Tierbändiger‹, zu den ›boxenden Känguruhs‹, zu dem ›Maroniverkäufer‹ oder zu der ›Dame von Maxim‹ ausdenken mochte, bis eine schmetternde Blechmusik mich auffahren ließ.

Sie verkündete das Nahen des Prunkwagens, der den Prinzen Karneval trug.

Um der Parole des Jahres entgegenzukommen, hatte man die gewaltige Puppe mit einer Dompteursuniform ausgestattet. Gegen ihren Rücken stemmte ein Löwe die Vorderpranken. Aber das hinderte sie auf keine Weise, mit allen zweiunddreißig Zähnen zu lächeln. Es war das vertraute Lächeln des alten Nußknackers. Ich aber fühlte mich plötzlich versucht, es weiter bis zu dem knochenknackenden Menschenfresser meiner Kinderbücher zurückzuverfolgen, der auch übers ganze Gebiß hin grinste, wenn es ihm schmeckte.

»Ist sein übertriebenes Grinsen nicht abstoßend?« wandte sich Fritjof an mich und deutete auf die Puppe hinaus, deren einfältiges Haupt bis in meinen Sessel herüberwinkte.

»Das Übertriebene«, antwortete ich, »scheint mir die Seele der Karnevalsfiguren zu sein.«

»Das Übertriebene«, warf hier der Däne ein, »stößt uns manchmal nur darum ab, weil wir nicht Kraft genug haben, es aufzufassen. Eigentlich müßte ich sagen: Unschuld genug.«

Mir fiel ein, was mein Bekannter mir Sonderbares über das Schaffen des Dänen mitgeteilt hatte. Es war also nicht ohne die Hoffnung, dessen Widerspruch zu erwecken, wenn ich so unbefangen wie möglich sagte: »Übertreibung ist nötig; nur sie wird den Dummen glaubhaft erscheinen und den Unaufmerksamen auffallen.«

»Nein«, widersprach mir der Däne – und ich sah, daß er Feuer gefangen hatte –, »so einfach liegt die Sache denn doch nicht. Oder sollte ich nicht vielmehr sagen, daß sie einfacher liegt? Nämlich in der Natur der Dinge, wenn auch nicht der alltäglichen. Wie es eine Farbenwelt jenseits des uns sichtbaren Spektrums gibt, so gibt es eine Welt von Geschöpfen jenseits der uns geläufigen Naturen. Jede Volksüberlieferung kennt sie.«

Er war bei diesen Worten herangetreten und ließ sich, ohne im Sprechen einzuhalten, neben mir nieder.

»Denken Sie an Riesen und Zwerge. Wenn Körperliches irgendwo sinnbildlich für Geistiges einstehen kann, so nirgends bedeutungsvoller als in diesen Geschöpfen der Volksdichtung. Es gibt zwei Sphären vollkommener Unschuld, und sie liegen an den beiden Grenzen, an denen unsere, die menschliche Normalstatur, möchte ich sagen, in das Riesenhafte oder in das Winzige übergeht. Alles Menschliche ist ja mit Schuld behaftet. Aber die Riesenkreaturen sind unschuldig – und die Unflätigkeit eines Gargantua und Pantagruel – die übrigens zu der Dynastie der Karnevalsprinzen gehören – ist nur ein überschwenglicher Beweis dafür.«

»Und dem würde«, sagte ich, »dann die Unschuld des Kleinen entsprechen? Ich muß bei dem, was Sie sagen, an die ›Neue Melusine‹ von Goethe denken – jener Prinzessin im Kästchen, deren Verborgenheit ebenso wie ihr zauberhafter

Gesang und ihre verschwindend kleine Natur mir von jeher das Reich der Unschuld auf das Vollkommenste zu verkörpern pflegten. Der kindlichen Unschuld, will ich sagen, die ja wohl eine andere ist als die Unschuld des Riesenreiches.«

»Sehen Sie doch«, unterbrach uns Fritjof vom Fenster her, »diese unwahrscheinliche Gruppe!«

Es war in der Tat ein merkwürdiger Wagen, der in der beginnenden Dämmerung an den Tribünen vorüberzog. Vor einer Wand oder einem Paravent, die einige Gemälde trugen, standen Maler mit Palette und Pinsel, und sie waren, wie es schien, im Begriff, die letzte Hand an ihr Werk zu legen. Ihnen auf den Leib aber rückte, den Schlauch in Bereitschaft haltend, eine Reihe von Feuerwehrleuten, die die Meisterwerke und ihre Schöpfer unter Wasser zu setzen drohten.

»Ich kann mir dabei nichts denken«, gestand ich ein.

»Es ist der ›Car des pompiers‹«, sagte Fritjof. »›Pompier‹ nennt man einen breitspurigen akademischen Maler. Außerdem aber heißt das Wort auch ›Feuerwehrmann‹. Ein Wortspiel auf einem Wagen. Schade, daß es vereinzelt ist.«

Jetzt begannen, ehe es noch dunkel geworden war, die Fassaden um die Place Mazzéna aufzuflammen. Das Gitterwerk, das sie mit allerlei ausgesägten, aneinander gezimmerten Sinnbildern des Jahrmarkts und des Zirkus umgeben hatte, war plötzlich von einem Feuer vielfarbiger Lampen verschlungen. An der Stelle, wo vorher ein Löwe gestanden hatte, glühte jetzt ein Verhau gelber Lichter, in dessen Silhouette zwei rötliche Lämpchen das Züngeln des Raubtiers andeuteten; und das hölzerne Mädchen, das vordem eine Schießbude zu betreuen schien, hatte sich in ein gleißendes Astartebildnis verwandelt.

Merkwürdiger aber als das Spiel der Lichter an der Fassade war, was sie dem Platze selber zu sagen hatten. Sie verhalfen ihm erst zu seiner wahren Bestimmung. Mit einem Male kam es zum Vorschein, daß er jener großen und vornehmen Reihe europäischer Saalplätze angehört, deren Anfänge in Italien liegen und dank deren die italienischen Feste mit ihren Corsi und Prozessionen – den Karneval nicht zu vergessen – maßgebend für Europa geworden sind. Diese Plätze waren bestimmt, nicht allein an den Werktagen die Märkte und Volksversammlungen zu beherbergen, sondern an Feiertagen den Saal, den festlich erleuchteten Saal unterm nächtlichen Himmel zu stellen, der dem kostbar getäfelten und gedeckten im Palast des Herzogs nicht nachstehen sollte. Ein solcher Platz war es, auf den wir nun, schweigsam geworden, hinuntersahen.

Es war nach einer langen Pause, daß der Däne sich an mich wandte.

»Sie sprachen vorhin von der Welt der Zarten und Winzigen, die Goethe in der ›Neuen Melusine‹ gestaltet hat. Und Sie meinten, das sei – im Gegensatze zur Welt der Riesen – die Welt, in der die kindliche Unschuld zu Hause ist. Wissen Sie, daß ich da meinen Zweifel habe? Die kindliche Unschuld, meine ich, wäre keine menschliche, wenn sie nicht in beiden Reichen zu Hause wäre – bei den Riesen so gut wie bei den Zwergen. Denken Sie doch nicht nur an das Zarte und Rührende, das Kinder haben, wenn sie Gärtchen im Sande bauen oder mit einem Kaninchen spielen. Denken Sie auch an die andere Seite – das Ungeschlachte, Unmenschliche, das in Ihren berühmtesten Kinderbüchern den Ton angibt und ›Max und Moritz‹ oder den ›Struwwelpeter‹ nicht nur so beliebt, sondern auch so nützlich gemacht hat. Denn es präsentiert sich in ihnen in seiner Unschuld. Ich möchte es das Menschenfresserische nennen, das Sie auch dem Prinzen Karneval von den Lippen ablesen können. Das Wunderbare an Kindern ist, daß sie ohne alle Umstände zwischen den beiden Grenzbereichen des Menschlichen wechseln können und dabei im einen oder anderen verweilen, ohne den mindesten Kompromiß mit der Gegenwelt nötig zu haben. Diese Kompromißlosigkeit ist es wohl, die uns später abhanden kommt. Wir können uns zum Winzigen wohl herunterbeugen, aber nicht mehr ganz in ihm aufgehen, und am Ungeheuren können wir unseren Spaß haben, aber nicht ohne eine leise Befangenheit. Kinder, die vielleicht scheu vor Erwachsenen sind, bewegen sich unter den Riesen da unten wie unter ihresgleichen. Für uns Erwachsene aber sollte, wenigstens einmal im Jahr, der Karneval die Gelegenheit sein, uns ein wenig riesenmäßig aufzuführen – ungebundener und anständiger zugleich, als wir es so tagein, tagaus halten.«

Eine Rakete stieg in den Himmel; ein Kanonenschuß fiel: das Signal zur Verbrennung des siebenundfünfzigsten Karnevalsprinzen, von dessen Scheiterhaufen der letzte Funke erloschen sein muß, ehe Aschermittwoch beginnt.

Die glückliche Hand

Eine Unterhaltung über das Spiel

»Man muß eben eine glückliche Hand haben«, sagte der Däne. »Ich könnte Ihnen eine Geschichte erzählen ...«

»Keine Geschichte!« warf der Wirt dazwischen. »Ihre eigne Meinung möchte ich wissen: glauben Sie, daß beim Spiel alles Zufall ist, oder mischt sich da noch etwas anderes ein?«

Wir waren zu viert. Mein alter Freund Fritjof, der Romancier; dann der dänische Bildhauer, dessen Bekanntschaft er mir in Nizza verschafft hatte; der kluge und weitgereiste Wirt des Hotels, auf dessen Terrasse wir unsern Nachmittagstee tranken – und ich. Wie das Gespräch auf das Spiel gekommen war, weiß ich nicht mehr. Ich hatte selber kaum daran teilgenommen, sondern der Frühjahrssonne und dem Behagen mich überlassen, hier in dem abgelegnen Saint-Paul meinen nizzaer Freunden begegnet zu sein.

Mit jedem Tag begriff ich es besser, daß Fritjof sich diesen Winkel gewählt hatte, um die Arbeit an seinem Roman wiederaufzunehmen, der in Nizza nicht recht von der Stelle gekommen war. Jedenfalls hatte ich das daraus geschlossen, daß er mir dort vor Wochen auf eine Frage danach mit unbestimmbarem Lächeln geantwortet hatte: »Ich habe meinen Füllfederhalter verloren.« Bald darauf war ich abgereist und meine Freude, Fritjof und seinen dänischen Kameraden nun hier wiederzusehen, war desto größer. Freilich war sie von Überraschung nicht frei. Hatte Fritjof, der arme Schlucker, es doch einmal dahin gebracht, in einem komfortablen Hotel sich einzuquartieren?

Nun saßen wir in der kleinen Weltabgeschiedenheit und ließen, während wir plauderten, unsere Blicke auf den Flaggensignalen ruhen, die von einer Wäscheleine über dem Stadttor oder von gestaffelten Bäumen im Tal wehten.

»Wenn Sie meine Meinung hören wollen«, sagte der Däne, »so kommt es überhaupt auf die Dinge nicht an, von denen wir bisher gesprochen haben. Weder auf das Spielkapital, noch auf die sogenannten Systeme, noch auf das Temperament des Spielers. Eher schon auf die Temperamentlosigkeit.«

»Da weiß ich wirklich nicht, was Sie meinen.«

»Wenn Sie selber mitgemacht hätten, was ich vorigen Monat in San Remo erlebte, würden Sie mich sofort verstehen.«

»Nun?« meinte ich neugierig.

»Ich war«, erzählte der Däne, »spät am Abend ins Kasino gekommen und an einen Tisch getreten, an dem das Baccara eben begonnen hatte. Ein Platz war noch leer. Er war reserviert; und die Blicke, die gelegentlich auf ihn fielen, verrieten, daß da jemand erwartet wurde. Ich wollte mich nach dem Gaste erkundigen, der soviel Spannung zu wecken schien, da fiel in meiner Nähe sein Name und im gleichen Augenblick kam, vom Saaldiener auf der einen, von ihrem Sekretär auf der anderen Seite gestützt, die Marchesina Dalpozzo auf den Tisch zu. Der Weg vom Wagen bis zu ihrem Sessel schien die alte Dame mitgenommen zu haben. Kaum angelangt, sank sie in sich zusammen. Nach einer Weile, als sich der Schlitten ihr näherte und die Reihe, die Bank zu halten an sie kam, öffnete sie ohne Hast ihre Handtasche und holte eine kleine Meute von Porzellan-, Glas- und Jade-Hündchen daraus hervor, ihre Maskotten, die sie um ihren Platz verteilte. Auch dazu nahm sie sich alle Zeit, und dann versenkte sie die Hand nochmals in die Tiefe der Tasche, um ein Bündel Tausendlirenoten aus ihr hervorzuholen. Die Mühe, sie zu zählen, überließ sie dem Croupier. Sie gab die Karten aus; aber kaum hatte sie die letzte sich zugeteilt, als sie wieder in sich zusammensank. Die Bitte um eine weitere, mit der ihr Partner sein Spiel zu verbessern suchte, hörte sie bereits nicht mehr. Denn sie schlief. Nun sah man, wie ihr Sekretär sich um sie verdient machte, und respektvoll, mit leiser Hand, an der man die Übung fühlte, sie weckte. Bedächtig deckte die Marchesina einen nach dem andern ihre points auf. ›Neuf à la banque‹, sagte der Croupier; sie hatte gewonnen. Doch das schien sie nur einzuschläfern. Und so viel Tausendlirescheine sie an dieser Bank noch gewann, so verging doch kaum ein einziges Mal, ohne daß der Sekretär sie zu ihrem Glücke ermuntern mußte.«

»Den Seinigen gibt's der Herr im Schlaf«, sagte ich.

»Oder sollte man hier nicht sagen: der Satan?« meinte lächelnd der Wirt.

»Wissen Sie«, sagte Fritjof statt aller Antwort, »daß ich mir manchmal die Frage vorgelegt habe, warum das Spiel eigentlich etwas Verfemtes ist? Natürlich braucht man nichts Rätselhaftes dabei zu finden. Selbstmorde, Unterschlagungen und was sonst, die aufs Spiel zurückgehen, gibt es genug. Aber, wie gesagt, ist das Alles?«

»Es liegt im Spiel etwas Widernatürliches«, sagte der Däne.

»Mir scheint es«, meinte ich, »nur allzu natürlich. Natürlich, wie die nimmermüde, die nie zu erschöpfende Hoffnung auf unser Glück.«

»Da geben Sie mir«, antwortete der Däne, »das Stichwort. ›Glaube, Liebe – Hoffnung.‹ Und nun sehen Sie, was hier aus ihr geworden ist!«

»Sie meinen, ihr Gegenstand sei ihrer unwürdig. ›Schnöder Mammon!‹ oder dergleichen – wenn ich Sie recht verstehe.«

»Er versteht mich aber nicht richtig«, sagte der Däne, nun plötzlich von mir sich ab und zu Fritjof hinüberwendend. »Haben Sie«, fuhr er fort und sah ihn durchdringend an, »sich schon einmal, in der Untergrundbahn oder auf einer Bank in den Anlagen, in unmittelbarster Nachbarschaft einer Frau befunden, die Ihnen reizvoll schien? Aber wirklich in der unmittelbarsten?«

»Ich will Ihnen etwas sagen«, erwiderte Fritjof, »sitzt sie Ihnen wirklich sehr nah, so werden Sie sich kaum über sie klar werden. Warum? weil es in so großer Nähe beinahe unmöglich ist, sie zu betrachten. Mir würde das jedenfalls unverschämt vorkommen.«

»Dann werden Sie mich desto besser verstehen, wenn ich jetzt zu unserer Frage zurückkehre. Wir haben von der Hoffnung gesprochen. Und die Hoffnung vergleiche ich einer jungen und schönen Fremden, die aus allzu großer Nähe ins Auge zu fassen oder gar mit den Blicken anzusprechen etwas Schamloses hat.«

»Wie?« fragte ich; denn ich war im Begriff, den Zusammenhang zu verlieren.

»Ich sprach von der zeitlichen Nähe«, sagte der Däne. »Ich behaupte, es macht einen großen Unterschied, ob ich einen Wunsch für eine ferne Zukunft oder für den Augenblick hege. ›Was man sich in der Jugend wünscht, hat man im Alter in Fülle‹, heißt es bei Goethe. Je früher im Leben man einen Wunsch tut, desto größere Aussicht hat er, erfüllt zu werden ... Aber ich bin abgekommen.«

»Vermutlich wollten Sie sagen«, meinte Fritjof, »daß einer, der im Spiel setzt, auch einen Wunsch tut.«

»Ja, aber einen, den der nächste Augenblick ihm erfüllen muß. Und das ist das Verworfne daran.«

»Ein sonderbarer Zusammenhang«, sagte der Wirt, »in den Sie das Spiel hineinstellen. Und das Gegenstück zu der

Elfenbeinkugel, die in ihr Fach rollt, wäre die Sternschnuppe, die in die Ferne stürzt und darum einen Wunsch freigibt.«

»Ja – den rechten Wunsch, der in die Ferne gerichtet ist«, sagte der Däne.

Nach diesen Worten war eine Pause entstanden. Mir aber hatten sie neues Licht auf die alte Wendung geworfen ›Unglück im Spiel, Glück in der Liebe‹. Als wolle er in meine Träumerei eingreifen, hörte ich Fritjof nachdenklich sagen:

»Soviel ist sicher, daß es beim Spiel größere Reize als den Gewinn gibt. Sucht nicht mancher darin ein Handgemenge mit seinem Schicksal? Oder eine Gelegenheit, mit ihm zu buhlen? Glauben Sie mir: auf dem grünen Tuch werden viele Rechnungen ins Reine gebracht, in die kein Fremder je einen Blick getan hat.«

»Es muß doch wirklich eine große Versuchung sein, auf sein Einverständnis mit dem Schicksal die Probe zu machen.«

»Die kann sehr zweideutig ausfallen«, sagte der Wirt. »Ich erinnere mich einer Szene, die ich in Montevideo beobachtet habe. Als ich noch jung war, lebte ich lange drüben. Da ist die größte Spielbank von Uruguay; die Leute fahren acht Stunden von Buenos Aires, um dort ihr Weekend beim Spiel zu verbringen. Eines Abends war ich dort im Kasino, um zuzusehen. Geld hatte ich vorsichtshalber nicht mitgenommen. Vor mir standen zwei junge Leute, die eifrig spielten. Sie machten kleine Einsätze, aber zahlreiche. Doch sie hatten kein Glück. Und bald hatte der eine alles verloren. Der andere besaß noch ein paar Jetons, die er aber nicht mehr dran wagen wollte. Also brachen sie ihr Spiel ab; aber sie blieben stehen, um das der anderen zu beobachten. So hatten sie, wie Verlierende oft, lange schweigsam und mit Bescheidung gestanden, als der eine, der schon nichts mehr besaß, plötzlich wieder lebendig wurde. Er flüsterte seinem Freunde zu: ›Vierunddreißig!‹ Der begnügte sich, die Achseln zu zucken. Aber die Vierunddreißig kam in der Tat. Der Wahrsager, dessen Kummer natürlich groß war, versuchte es noch einmal. ›Sieben oder achtundzwanzig!‹ murmelte er dem Nachbar zu, der ungerührt lächelte. Und die Sieben kam wirklich heraus. Nun begann der erste sich aufzuregen. Beinahe flehentlich flüsterte er ›Zweiundzwanzig‹. Er wiederholte es dreimal. Umsonst: als die Zweiundzwanzig herauskam, war ihr Feld unbesetzt. Eine Szene zwischen den Freunden schien unausbleiblich. Aber gerade als der Wundermann, zitternd vor Aufregung, sich von neuem dem Nachbarn zuwenden wollte, händigte der, um dem gemeinsamen Glück nun nicht länger im Wege zu stehen, seine Barschaft dem Freunde aus. Dieser besetzte die Vier. Es kam fünfzehn. Er besetzte die Siebenundzwanzig. Null kam. Und die beiden letzten Jetons setzte und verlor er auf einmal. Niedergeschlagen und versöhnt machten die beiden sich aus dem Staube.«

»Merkwürdig!« sagte Fritjof. »Man sollte meinen, die Jetons in der Hand zu halten, hätte ihn plötzlich um seine Sehergabe gebracht.«

»Sie können ebensogut sagen«, erklärte der Däne, »seine Sehergabe hat ihn um den Gewinn gebracht.«

»Das ist ein windiges Paradox«, warf ich ein.

»Keineswegs«, war die Antwort. »Wenn es überhaupt so etwas wie einen glücklichen Spieler, also einen telepathischen Mechanismus beim Spielenden gibt, so sitzt der im Unbewußten. Das unbewußte Wissen ist es, das, wenn er erfolgreich spielt, sich in Bewegungen umsetzt. Setzt es sich dagegen in das Bewußtsein um, so geht es für die Innervation verloren. Unser Mann wird zwar das Richtige ›denken‹, aber er wird falsch ›handeln‹. Er wird dastehen wie so viele Verlierer, die sich die Haare raufen und rufen: ›Ich hab's gewußt!‹«

»Ein glücklicher Spieler operiert also Ihrer Meinung nach instinktiv? Wie ein Mensch im Augenblick der Gefahr?«

»Das Spiel«, bestätigte der Däne, »ist wirklich eine künstlich erzeugte Gefahr. Und Spielen eine gewissermaßen blasphemische Probe auf unsere Geistesgegenwart. Denn in der

Gefahr verständigt der Körper sich mit den Dingen in der Tat über den Kopf hinweg. Wenn wir gerettet aufatmen erst legen wir uns zurecht, was wir eigentlich gemacht haben. Handelnd sind wir unserm Wissen vorausgewesen. Und das Spiel ist eine verrufene Sache, weil es, was unser Organismus Feinstes und Präzisestes leistet, auf gewissenlose Art provoziert.«

Eine Pause entstand. ›Man muß eben eine glückliche Hand haben ...‹ ging es mir durch den Kopf. Hatte der Däne uns nicht vorhin etwas davon erzählen wollen? Das brachte ich ihm nun in Erinnerung.

»Ach – die Geschichte«, sagte er lächelnd. »Dafür ist es eigentlich ein bißchen spät. – Übrigens kennen wir ihren Helden. Und wir haben ihn alle gern. Ich will nur verraten, daß er Schriftsteller ist. Das spielt nämlich eine Rolle, obwohl – aber da bin ich schon im Begriff, mir die Pointe zugrunde zu richten. – Mit einem Wort, der Mann war entschlossen, an der Riviera sein Glück zu versuchen. Er hatte keine Ahnung vom Spiel, versuchte es mit dem und jenem System und verlor mit jedem. Dann gab er seine Systeme auf und behielt nur das Verlieren bei. Seine Geldmittel waren recht bald erschöpft, seine Nerven waren es noch viel eher, und nun verlor er eines Tages auch noch seinen Füllfederhalter. Schriftsteller sind, wie Sie wissen, manchmal komisch und unser Freund gehört zu den komischsten. Er muß eine ganz bestimmte Schreibtischbeleuchtung und ein ganz bestimmtes Papier und ein ganz bestimmtes Format seiner Bogen haben, sonst kann er nicht arbeiten. Danach können Sie sich leicht vorstellen, was ein verlorner Füllfederhalter für ihn bedeutete. Nachdem wir den ganzen Tag umsonst auf der Suche nach einem neuen vertrödelt hatten, gingen wir abends auf einen Sprung ins Kasino. Ich spiele nie und begnügte mich, das Spiel unseres Freundes zu verfolgen. Bald verfolgte nicht allein ich es, sondern vielen Kasinogästen begann dieser Mann aufzufallen, der ununterbrochen gewann. Nach einer kleinen Stunde gingen wir fort, um unsere Barschaft, für diese Nacht wenigstens, in Sicherheit zu bringen. Aber auch der folgende Tag konnte ihr nichts anhaben. Denn so hoffnungslos der Vormittag in den Schreibwarenläden verlaufen war, so ertragreich gestaltete sich der Abend. Vom Roman war natürlich nicht mehr die Rede, seit der Füllfederhalter verschwunden war. Unser Freund, sonst ein fleißiger Mann, sah das Manuskript nicht mehr an, ja vermied selbst den kleinsten Brief. Erinnerte ich ihn an irgend eine besonders dringliche Korrespondenz, so machte er Ausflüchte. Er wurde sparsam mit seinem Händedruck; er vermied es, selbst das leichteste Paketchen zu tragen. Gerade noch, daß er beim Lesen die Buchseiten umschlug. Es war als wenn seine Hand in einer Binde geruht hätte, die erst am Abend von ihr genommen wurde – im Kasino, wo wir nie lange blieben. Wir hatten eine hübsche Summe beiseite gelegt, als eines Tages der Portier des Hotels uns den Füllfederhalter brachte. Er war im Palmengarten gefunden worden. Unser Freund gab dem Überbringer ein schönes Trinkgeld, und am gleichen Tag reiste er ab, um nun endlich seinen Roman zu schreiben.«

»Hübsch«, sagte der Wirt, »aber was beweist das?«

Mir war es gleich, was die Geschichte bewies oder nicht bewies und ich freute mich, meinen alten Freund Fritjof, dem das Leben nur selten gelächelt hatte, so stillvergnügt auf dem Stadtwalle von Saint-Paul seinen Nachmittagstee trinken zu sehen.

Rastelli erzählt ...

Diese Geschichte habe ich von Rastelli gehört, dem unvergleichlichen, unvergessenen Jongleur, der sie eines Abends in seiner Garderobe erzählte.

Es war einmal, begann er, in alten Zeiten ein großer Jongleur. Sein Ruhm hatte sich mit den Karawanen und mit den Kauffahrteischiffen weit über den Erdball verbreitet, und eines Tages erfuhr auch Mohammed Ali Bei, der damals über die Türken herrschte, von ihm. Er entsandte seine Boten nach den vier Windrichtungen mit dem Auftrag, den Meister nach Konstantinopel zu laden, damit er in eigener und kaiserlicher Person sich von dessen Kunstfertigkeit überzeugen könne. Mohammed Ali Bei soll ein herrischer, ja gelegentlich grausamer Fürst gewesen sein, und von ihm erzählte man sich, auf seinen Wink sei ein Sänger, der sein Gehör gesucht, aber nicht seinen Beifall gefunden habe, in den tiefsten Kerker geworfen worden. Doch war auch seine Freigebigkeit bekannt, und ein Künstler, der ihm Genüge tat, konnte auf hohe Belohnung rechnen.

Nach einigen Monaten traf der Meister in der Stadt Konstantinopel ein. Er kam aber nicht allein, wenn er auch wenig Aufhebens von seinem Begleiter machte. Und doch hätte er am Hof des Sultans besondere Ehre mit ihm einlegen können. Jedermann weiß, daß die Despoten des Morgenlandes eine Schwäche für Zwerge hatten. Der Begleiter des Meisters aber war eben ein Zwerg, oder genauer, ein Zwergenknabe. Und zwar ein so ausnehmend zartes, ein so zierliches und geschwindes Geschöpfchen, daß es am Hof des Sultans bestimmt nicht seinesgleichen gefunden hätte. Der Meister hielt diesen Zwerg versteckt, und dafür hatte er seinen guten Grund. Er arbeitete nämlich ein wenig anders als seine Fachgenossen. Diese sind bekanntlich in die chinesische Schule gegangen und haben dort den Umgang mit Stäben und Tellern, mit Schwertern und Feuerbränden erlernt. Unser Meister aber suchte nicht seine Ehre in der Anzahl und Vielfalt der Requisiten, sondern er hielt es mit einem einzigen, welches noch dazu das einfachste war und nur durch seine ungewöhnliche Größe auffiel. Es war ein Ball. Dieser Ball hatte ihm seinen Weltruhm gebracht, und in der Tat gab es nichts, was den Wundern gleichkam, die er an diesem Ball verrichtete. Denen, die dem Spiel des Meisters gefolgt waren, kam vor, als habe er es mit einem lebendigen, bald gefügigen und bald spröden, bald zärtlichen und bald spöttischen, bald zuvorkommenden und bald säumigen Gesellen, niemals aber mit einer toten Sache zu tun. Die beiden schienen aneinander gewöhnt und im Guten wie auch im Bösen ohne einander gar nicht auskommen zu können. Um das Geheimnis des Balls wußte niemand. Der Zwerg, das gelenkige Elfenkind, saß darinnen. In vieljähriger Übung hatte er sich in jeden Impuls und in jede Bewegung seines Herrn zu fügen gewußt, und nun spielte er auf den Sprungfedern, die im Innern des Balls saßen, so geläufig wie auf den Saiten einer Gitarre. Um jedem Verdacht aus dem Wege zu gehen, ließen beide sich niemals nebeneinander blicken, und Herr und Gehilfe wohnten auf ihren Reisen niemals unter demselben Dache.

Der vom Sultan anbefohlene Tag war gekommen. Eine von Vorhängen eingefaßte Estrade war im Saal des Halbmondes aufgeschlagen, den die Würdenträger des Herrschers füllten. Der Meister verneigte sich gegen den Thronsitz und führte eine Flöte an seine Lippen. Nach einigen präludierenden Läufen ging er in ein Stakkato über, in dessen Takt sich der große Ball in Sprüngen aus den Soffitten näherte. Plötzlich hatte er auf der Schulter seines Besitzers Platz genommen, um so bald nicht mehr von ihm zu weichen. Er umspielte, er umschmeichelte seinen Herrn. Der aber hatte die Flöte nun fortgetan, und als ob er von seinem Besucher nichts wisse, mit einem langsamen Tanz begonnen, den zu verfolgen ein Vergnügen gewesen wäre, wenn nicht der Ball aller Augen gefesselt hätte. Wie die Erde sich um die Sonne dreht und dabei gleichzeitig um sich selbst, so drehte sich der Ball um den Tanzenden und vergaß doch auch seinen eigenen Tanz nicht. Vom Scheitel bis zur Sohle war keine Stelle, über die der Ball nicht hinwegspielte, und jede wurde im Vorbeifliehen sein eigener Spielplatz. Niemand wäre eingefallen, nach der Musik dieses stummen Reigens zu fragen. Denn sie spielten einander selber auf: der Meister dem Ball und der Ball dem Meister, wie es dem kleinen, versteckten Helfer nun schon durch Jahre geläufig war.

So blieb es die längste Zeit, bis auf einmal bei einem Wirbel des Tänzers der Ball, gleichsam fortgeschleudert, der Rampe entgegenrollte, an sie stieß und vor ihr hüpfen blieb, während der Meister sich sammelte. Denn nun ging es auf das Finale zu. Wieder griff der Meister zu seiner Flöte. Erst war es, als wolle er seinen Ball, dessen Sprünge schwächer und schwächer geworden waren, leise und immer leiser begleiten. Dann aber riß die Flöte die Führung an sich. Der Atem des Bläsers wurde voller, und als hauche er mit der neuen und kräftigen Weise seinem Ball neues Leben ein, gerieten dessen Sprünge allmählich höher, während der Meister den Arm zu erheben begann, um, nachdem er ihn gelassen in Schulterhöhe gebracht hatte, den kleinen Finger, immer im Musizieren, auszustrecken, auf den der Ball, einem letzten langen Triller gehorchend, mit einem einzigen Satz sich niederließ.

Ein Flüstern der Bewunderung ging durch die Reihen, und der Sultan selbst lud zum Beifall ein. Der Meister aber gab von seiner Kunst eine letzte Probe, indem er den schweren, mit Dukaten gefüllten Beutel, den man auf hohes Geheiß ihm zuwarf, im Fluge auffing.

Wenig später trat er aus dem Palast, um an einem entlegenen Ausgang seinen treuen Zwerg zu erwarten. Da drängte sich zwischen den Wachen hindurch ein Bote vor ihn. »Ich habe Euch überall gesucht, Herr«, sprach er ihn an. »Aber Ihr hattet vorzeitig Euer Quartier verlassen, und in den Palast verwehrte man mir den Eintritt.« Mit diesen Worten brachte er einen Brief zum Vorschein, der die Handschrift des Zwerges trug. ›Lieber Meister, Ihr müßt mir nicht zürnen‹, hieß es darinnen. ›Heute könnt Ihr Euch nicht vor dem Sultan zeigen. Ich bin krank und kann das Bett nicht verlassen.‹

Sie sehen, setzte Rastelli nach einer Pause hinzu, daß unser Stand nicht von gestern ist und daß auch wir unsere Geschichte haben – oder wenigstens unsere Geschichten.

Zu dieser Ausgabe

Dieser Band vereint Prosastücke Walter Benjamins aus den Jahren 1928 bis 1935. Bis auf wenige Ausnahmen wurden sie in diesem Zeitraum von verschiedenen deutschen und schweizerischen Zeitungen gedruckt; etwa die Hälfte von ihnen in der ›Frankfurter Zeitung‹. (Ab 1933 erschienen sie dort unter dem Pseudonym Detlef Holz.) Die Ausnahmen bilden die Stücke ›Noch einmal‹, ›Geschichten aus der Einsamkeit‹, ›Die glückliche Hand‹ und die ›Kleinen Kunst-Stücke‹ (außer ›Gutschreiben‹), die zu Lebzeiten Walter Benjamins nicht erschienen sind.

Der Hauptteil der ausgewählten Texte ist dem ›Produktionskreis ... der ‚Einbahnstraße'‹[1] zuzurechnen. In einer ›Nachtragsliste zur Einbahnstraße‹ hat Walter Benjamin Texte aufgeführt, die er vermutlich in eine erweiterte Nachauflage der ›Einbahnstraße‹ oder ein weiteres Buch aufnehmen wollte.[2] Folgende Denkbilder und Geschichten unserer Auswahl sind (bei Sammlungen zumindest teilweise) in dieser Liste erfaßt: ›Kleine Kunst-Stücke‹, ›Der Weg zum Erfolg in dreizehn Thesen‹, ›Weimar‹, ›Kurze Schatten I‹, ›Nordische See‹, ›Der destruktive Charakter‹, ›Ibizenkische Folge‹, ›Kurze Schatten II‹, ›Denkbilder‹, ›Einmal ist keinmal‹, ›Schönes Entsetzen‹, ›Noch einmal‹, ›Geschichten aus der Einsamkeit‹ und ›Vier Geschichten‹. Die in der Liste genannten Texte sind fast vollständig in unseren Band eingegangen.

Wie die Stücke in der 1928 bei Ernst Rowohlt erschienenen ›Einbahnstraße‹ enthalten diese Texte und ebenso die mit ihnen verwandten anderen Stücke unserer Auswahl philosophische Reflexionen in der für Benjamins künstlerische Prosa eigentümlichen und für sein Philosophieverständnis bezeichnenden Form von Denkbildern.[3] Theodor W. Adorno hat darauf hingewiesen, daß das Wort ›Denkbild‹ zwar in Stefan Georges Gedicht ›Franken‹ im ›Siebenten Ring‹ als Ersatz für das Wort ›Idee‹ in die deutsche Sprache eingeführt wurde, bei Benjamin jedoch einen anderen Sinn erhielt: ›Mit dem Georgeschen hat der Benjaminsche nur noch gemein, daß gerade solchen Erfahrungen, die der trivialen Ansicht als bloß subjektiv und zufällig gelten, Objektivität zugesprochen, ja, daß Subjektives überhaupt nur als Manifestation eines Objektiven begriffen wird – platonisch also sind Benjamins Denkbilder einzig etwa so, wie man vom Platonismus Marcel Prousts geredet hat, mit dessen Werk Benjamin nicht bloß als Übersetzer sich berührt. Bilder jedoch sind die Stücke der *Einbahnstraße* nicht wie die platonischen Mythen von der Höhle oder vom Wagen. Es sind eher gekritzelte Vexierbilder als gleichnishafte Beschwörung des in Worten Unsagbaren. Sie wollen nicht sowohl dem begrifflichen Denken Einhalt gebieten als durch ihre Rätselgestalt schockieren und damit Denken in Bewegung bringen, weil es in seiner traditionellen begrifflichen Gestalt erstarrt, konventionell und veraltet dünkt. Was nicht im üblichen Stil sich beweisen läßt und doch bezwingt, soll Spontaneität und Energie des Gedankens anspornen und, ohne buchstäblich genommen zu werden, durch eine Art von intellektuellem Kurzschluß Funken entzünden, die jäh das Vertraute umbeleuchten, wenn nicht gar in Brand stecken.‹[4]

Die Auswahl aus den Erzählungen und Geschichten, die unseren Band beschließt, soll das Bild vom künstlerischen Prosaisten Benjamin abrunden, indem es den Erzähler Benjamin ausführlicher vorstellt.

Unabhängig davon, inwieweit sich einige dieser Texte betont unterhaltsam geben, bleiben sie unverkennbar die Prosa des Denkers Benjamin. Benjamin selbst scheint allerdings zu einigen seiner Erzählungen ein distanziertes Verhältnis gewonnen zu haben. So berichtet er in einem Brief an Scholem von einer Rundfunkarbeit über Spiritismus, um dann einzugestehen: ›Einzelne meiner neueren Produkte – wie das ‚Taschentuch' … bitte ich Dich aus genau so handgreiflichen Motiven entstanden zu denken wie dergleichen Geisterrevue. Ich sende sie Dir nur, um Dein Archiv zu ehren, und sei es auf meine Kosten.‹[5] Der Leser wird sich sicher daran erinnern, daß in der zum Zwecke des Broterwerbs geschriebenen

Geschichte ›Das Taschentuch‹ immerhin eine höchst originelle Theorie des Erzählens umrissen wird.

Theoretische Bedeutung war allerdings weder bei diesem noch bei den anderen Texten das bestimmende Motiv der Auswahl, sondern die Absicht, im Format eines Insel-Bändchens eine mit Genuß lesbare Sammlung aus der künstlerisch reizvollen Prosa Walter Benjamins zusammenzustellen.

Unsere Ausgabe basiert in der Textgestaltung auf dem von Tillman Rexroth im Suhrkamp Verlag, Frankfurt am Main 1972 herausgegebenen Band IV der ›Gesammelten Schriften‹ Walter Benjamins. (Wie in dieser Ausgabe wurden einige Dopplungen in Kauf genommen, da in Benjamins Zusammenstellungen nicht eingegriffen werden sollte.) Ebenso folgen wir der von Rexroth vorgenommenen Einteilung der Prosastücke in ›Denkbilder‹ und ›Geschichten und Novellistisches‹.

Anmerkungen

1 Die Formulierung verwendet Benjamin in einem Brief; vgl. Walter Benjamin: Briefe, Frankfurt am Main 1966, S. 455.

2 Diese Liste ist in Band IV der ›Gesammelten Schriften‹ Walter Benjamins, Frankfurt am Main 1972, S. 911f. abgedruckt.

3 Eine konzise Beschreibung des Sprach- und Denkstils der ›Einbahnstraße‹ findet sich in Ernst Blochs Rezension von 1928; vgl. Ernst Bloch: Revueform in der Philosophie, in: Sinn und Form, Heft 4/1956. Im selben Heft findet sich auch Hans Heinz Holz' Benjamin-Analyse ›Prismatisches Denken‹.

4 Theodor W. Adorno: Benjamins ›Einbahnstraße‹, in: Über Walter Benjamin, edition suhrkamp 250, Frankfurt am Main 1968, S. 55/56.

5 Briefe, S. 561f.

Inhalt

Die ausgewählten Texte folgen denjenigen
der im Suhrkamp Verlag Frankfurt am Main 1972,
Band IV erschienenen ›Gesammelten Schriften‹
von Walter Benjamin.
Lizenzausgabe für den Insel-Verlag Anton Kippenberg, Leipzig
mit Genehmigung des Suhrkamp Verlages Frankfurt am Main.
Der Vertrieb ist nur in der DDR und im sozialistischen Ausland
gestattet.

ISSN 0233-1047
ISBN 3-7351-0143-7

Insel-Verlag Anton Kippenberg, Leipzig
Erste Auflage
Lizenz Nr. 351/260/16/89 LSV 7108
Gesetzt und gedruckt in den Druckwerkstätten Stollberg,
gebunden in der Kunst- und Verlagsbuchbinderei Leipzig
Schrift: Garamond
Überzuggestaltung: Günter Blochberger
Printed in the German Democratic Republic
Bestell-Nr. 787 384 5